财务会计在企业中的应用研究

代冰莹　雷舒靓　樊姣姣　著

图书在版编目（CIP）数据

财务会计在企业中的应用研究 / 代冰莹，雷舒靓，樊姣姣著. — 北京 ：中国商务出版社，2022.9

ISBN 978-7-5103-4468-8

Ⅰ. ①财… Ⅱ. ①代… ②雷… ③樊… Ⅲ. ①中小企业—财务会计—研究—中国 Ⅳ. ①F275

中国版本图书馆CIP数据核字(2022)第177370号

财务会计在企业中的应用研究

CAIWU KUAIJI ZAI QIYE ZHONG DE YINGYONG YANJIU

代冰莹 雷舒靓 樊姣姣 著

出　　版：中国商务出版社

地　　址：北京市东城区安外东后巷28号　　邮　编：100710

责任部门：发展事业部（010-64218072）

责任编辑：陈红雷

直销客服：010-64515210

总 发 行：中国商务出版社发行部（010-64208388　64515150）

网购零售：中国商务出版社淘宝店（010-64286917）

网　　址：http://www.cctpress.com

网　　店：https://shop595663922.taobao.com

邮　　箱：295402859@qq.com

排　　版：北京宏进时代出版策划有限公司

印　　刷：廊坊市广阳区九洲印刷厂

开　　本：787毫米×1092毫米　1/16

印　　张：11.5　　字　数：200千字

版　　次：2023年1月第1版　　印　次：2023年1月第1次印刷

书　　号：ISBN 978-7-5103-4468-8

定　　价：63.00元

凡所购本版图书如有印装质量问题，请与本社印制部联系（电话：010-64248236）

前　言

企业的财会工作是通过对企业的现金流、账务、资产以及投资等情况进行分析总结，来实现帮助企业更好地做经营决策的目标。随着经济社会的不断发展，财会工作在企业发展中发挥着越来越大的作用。因此，为了适应经济的发展，财务会计制度有必要不断改进、完善，对其传统的工作模式和管理模式进行相应改革。本书分析了企业在财务工作中存在的问题，并提出相关对策，即分别从企业财务会计概述、企业在财务会计工作中存在的问题和解决企业财务会计工作问题的措施三个方面进行分析，希望能够为业界同仁提供一些建议。

众所周知，内部管理对企业的经营管理而言是至关重要的，而财务管理则是其中的重要组成部分。财务管理是通过对企业的日常收支和资产负债情况进行综合分析，来帮助企业进行风险规避和维护企业稳定发展的。但是随着经济社会的不断发展，传统财会工作的模式已经难以满足现代企业的发展。同时，企业财务管理人员的管理能力和业务水平也对企业的经营状况有着较大的影响。因此，企业应当注重分析在财务管理中存在的问题，并且结合自身的情况提出解决方案，从而促进企业的发展。

目　录

第一章　企业财务会计概述

第一节 当代企业财务会计的发展趋势

企业财务会计在企业的运行和发展中起着不可替代的作用，是企业管理环节中最为关键的一个部分。随着我国现代化进程的加快，企业财务会计的发展也要跟上时代的步伐。本节主要分为三个部分对现代企业财务会计发展的趋势进行了探讨，第一部分阐述了企业财务会计的发展现状，主要包括企业财务会计供给的个性化、质量的不断提升、信息的多元化、工作效率不断提升以及人在企业财务会计的发展中作用越来越大等。第二部分主要对当今社会对企业财务会计发展存在的问题进行了探讨，企业财务会计发展中的问题具体有企业财务会计主体虚拟化、风险被放大、监管系统不够健全、人员专业素质水平不高。最后一个部分则对现代企业财务会计的发展提出了几点建议和对策，具体内容有强化对会计虚拟化的监管、强化企业财务会计网络安全建设、完善企业财务会计管理体系、提高企业财务会计工作人员专业水平等。

进入 21 世纪，随着我国经济的快速发展和进步，互联网在我们生活的各个领域中都有应用，企业财务会计也不例外。在企业财务会计行业中，计算机技术和网络技术的应用，促进了企业财务会计行业的信息化发展。在企业的发展中企业财务会计业务发挥着重要的作用，而企业相关管理人员对企业财务会计也越来越重视，也使得企业财务会计的发展稳步向前。

一、当前企业财务会计的发展现状

企业财务会计供给的个性化。在我国传统的企业财务会计模式下，企业的领导者、管理层以及其他利益相关者为企业财务会计的主要控制人，企业财务会计主要以报表的形式提供相对应会计服务和需求。但随着互联网以及信息技术的不断发展，企业财务会计发生了很大的变化，变得越来越个性化，企业财务会计可以根据使用的不同需求进而提供不同的财务信息服务。使用者也可以根据企业财务会计中的数据单独的分离出来，根据自身的需求进行加工处理。

企业财务会计信息的质量不断提升。在互联网技术未应用之前，有关企业财务会计的相关信息主要是由人来完成的，通过工作者判断以及传统的手工进行编制。这样，很容易出现蓄意操纵任务和人为错误等问题，导致严重的会计失真。随着社会的发展进步和互联网技术的出现和应用，会计信息的可靠性得以有效提高。例如，互联网技术在税务和会计中的应用，可以最大限度地减少人为欺诈和人为因素导致的信息错误的发生。

企业财务会计信息呈现多元化。传统的财务信息和数据采集，主要是以会计人员主动查询收到的会计账簿和固定点发布的财务报表方法优先，现将人工智能技术应用于会计行业，智能软件可以自动生成会计相关证据，并且通过智能会计软件，信息需求者也可以根据自己的需要随时随地获取实时的财务信息，此外，人工智能具有根据财务数据自动推荐，改变独立分析的原因等功能，因此，它可以为财务决策者提供有效的财务信息基础。

企业财务会计工作效率不断提高。在以前的会计中，会计人员往往需要花费大量的时间和精力来完成这种简单而重复的人工收费工作，这不仅会增加员工的工作量，还难以推动财务工作的进度，提升整体效率，随着智能会计软件自动生成技术的应用，能在很大程度上提高会计处理的速度和效率。此外，人工智能的数据处理能力非常强。它不仅可以对财务数据进行深入挖掘和处理，还可以创建数据库，实现数据跟踪和分析。此外，人工智能还可以建立多种类型的数据模型，并在多种约束下对会计信息进行综合分析，从而改变获取原始信息和大量分析的难度高的问题，促进财务信息更加理想化和智能化。

二、当前企业财务会计发展存在的问题

网络环境发展在一定程度上为企业财务管理提供更加便捷的处理方式，使得网络市场交易逐渐普及，无纸化交易越来越多。无纸化的交易模式不仅极大地提高业务发展的便利性，同时也极大地提高交易处理业务的整体效率，但是会有导致信息和数据篡改欺诈的风险。

企业财务会计主体虚拟化。在电子商务快速发展背景下，企业财务会计发展所面临的首要问题是，会计信息审核的真实性受到会计主体的虚拟性质的影响。由于网络电子技术和电子商务的迅猛发展，金融会计的虚拟化趋势越来越明显。电子商务的在线交易通过一个虚拟网络实现。这种交易是网络会计虚拟模式，是一个模糊的状态。通过虚拟化的网络模型，企业经济实现新业务的控制。虚拟电子商务网络会计实体由信息用户管理，随着市场的变化，信息平台的变化，各种会计数据信息的变化而变化。但是，在线电子商务的会计决策没有明确的物理经济单元，这导致决策行动者的空缺。企业财务会计工作的艺术价值更明显，而且很容易根据信息处理过程中出现的问题来判断责任人。信息审查工作的难度过高，不利于保持会计信息审查的真实性，也不利于我国各类会计工作的顺利发展。

企业财务会计风险被放大。在互联网商业的快速发展的背景下，会计实体逐渐转向虚拟化，从传统的纸质合同开始转变为建立虚拟的网络交易模式。目前我国大多数企业已经开始实施无纸化电子贸易合作，关于合同的签订、交易条款的谈判、交易信息的处理等都是通过网络的沟通和协商来完成的，网络化和无纸化交易过程是网络化和无纸化贸易金融处理的直接结果，作为一个虚拟的金融交易处理程序，会导致企业对电子数据处理安全的企业财务会计产生怀疑，因此，需要对各种电子合同、电子交易信息、财务数据，以及其他电子存档，以确保安全成为重要的环节。大多数商业交易会计数据只能存储在硬盘或可移动硬盘中，

存储的安全性仍有待提高。互联网电子科技也表现出交易的便捷性和两面性，在提供交易便利的同时也增加了信息数据的损失和泄露的风险，如何加快电子会计财务信息数据处理和存储安全性成为当下会计发展的重要问题。

企业财务会计监管系统不够健全。近年来，我国在财务监管方面还不够完善，针对企业的财务监督制度也还不够完善，据了解，尽管我国企业的财务发展情况都得到了较大的发展和进步，但是在财务监管方面还是存有很大的漏洞，在很大程度上，影响了企业财务管理的健康发展。此外，对于企业的整体发展，对业务管理和经济损失的重大影响会带来潜在的危机。因此，相关行政部门要完善企业财务管理监控体系，应充分重视企业财务管理监控体系的发展，使之符合现代金融发展的趋势，符合现代社会发展的趋势，有效避免企业财务管理中出现的问题。

企业财务会计人员专业素质水平不高。除上述问题外，财务人员的专业素质较低也是影响我国金融核算进展的一个因素。根据相关的社会调查，目前很多社会财务人员招聘制度并不严谨，并随着社会经济的快速发展，企业财务会计人员队伍，无论是知识结构还是专业知识储备都无法与当代财务发展的需要保持一致，缺乏专业工作能力从而阻碍财务工作的正常有效开展。另外，由于企业的财务因素导致对企业人员限制，导致联合互联网融合的企业财务管理难以开展，即使招聘到熟悉计算机技术的人员，但是大多数缺乏企业财务管理经验。

三、现代企业财务会计发展趋势与对策

强化对会计虚拟化的监管。现代网络技术的发展和应用，使得企业财务会计有了虚拟性，会计信息使用者的多样化对会计信息的效率、质量和成本控制提出了更高的要求。随着我国互联网以及信息技术的发展，企业财务会计虚拟化的监管在企业未来的发展中发挥着越来越重要的作用。互联网时代背景下的会计职能监管建设必须符合网络发展趋势，会计信息化

建设，也要满足不同监管机构和会计信息用户的需求。促进企业加强内部控制，提升管理能力，使企业在市场乃至全世界都有竞争优势。

强化企业财务会计网络风险管理。确保互联网安全建设的有效性，对于电子商务环境下企业财务会计的转型与发展至关重要。网络企业财务会计的发展需要改进会计信息软件的应用。具有完整功能和稳定性的互联网金融软件，可以有效地提高财务数据信息网络化处理的效率。在互联网时代发展的背景下，我国网络会计的整体企业财务会计水平也在不断提高。在电子商务的背景下，为了满足企业财务会计的转型和发展的需求，我们应该建立一个符合企业发展需求的数据库以拥有更多的全面数据信息。通过创建大型数据库，各种财务数据信息的处理可以更加方便和快速。从企业财务会计与管理会计的转变来看，在最初的工作阶段，必须删除工作内容，在相关的项目和工作系统中，人员的位置将会有更多的风险，必须制定一个完美的转型计划来确保转变的顺利进行并弥补传统设置的缺陷，这样以后的工作就可以按照正确的路线进行。

完善企业财务会计管理体系。随着我国当代企业财务会计工作分工明确化，企业本身的财务监控管理系统不断完善是当今中国企业发展的必然趋势。为了确保企业财务管理的科学性、严谨性和有实施性，对企业的管理制度进行改进是不可或缺的，这可以有效地避免企业的财务损失以及财务工作带来的财产损失。加强电子商务企业财务管理网络的建设首先要扩大信息流的范围，增加财务信息和数据的流通和共享，以支持企业更新数据信息。应针对主要网络平台的特性建立目标网络系统，并应逐步实现网络会计和实体企业财务会计的整合。一方面，提高企业的防范机制，是提高企业内部控制制度的重要组成部分。建立企业预防机制可以提高企业对资金运行的控制能力，了解资金的风险，最终可以提高企业资金使用的效率。另一方面，有必要完善会计反馈控制制度，主要涉及企业内部经济活动的监测。及时有效地监控以及时纠正预算偏差，能有效控制投资的成本。及时发现企业财务会计工作的问题，并且调整工作内容，定期考核企业财务会计决算，实施奖惩制度，能够有效地提高企业财务会计最终工作的质量。

提高企业财务会计工作人员专业水平。重视财务相关工作人员的专业技能培养，提高财务工作者的整体工作水平，加强财务工作者在财务专业方面的学习和创新思维能力。首先，企业从自身出发，加强针对性信息技术培训，为那些有丰富金融经验的人员加强信息技术的培训强度。同时，公司可以开展移动训练机制，向外输送企业财务管理人员的培训模式，这样做的好处是让企业财务管理人员更全面、更快、更好地了解财务政策，加强相关基础知识和计算机技术，利用相关财务模型处理财务问题，使财务工作更加方便。其次，企业需要制定企业财务管理人员引入机制，制定福利政策以确保企业能够引入复合型金融管理人才。通过引进企业财务管理人才，更好地促进企业的健康发展，提高企业的整体竞争力。需要注意的是，需要对引进的复合企业财务管理人员进行企业财务管理培训，并将其经验传给他们，以便他们能更好地融入工作中。企业实施这两种措施，会使相关计划战略更具针对性和可操作性，并为公司的长期发展提供强大动力。

物联网技术、人工智能等高科技的出现和应用发展对企业财务会计产生了一定的影响。本节对现代企业财务会计发展趋势进行了研究，并根据当前企业财务会计发展存在的缺陷进行分析，对金融会计的当前状况进行了讨论，根据现代会计财务发展知识的实际使用情况，提出了以下建议，为加强会计虚拟化的监督，必须提高企业财务会计网络建设的安全性，完善企业财务会计管理制度，完善企业财务会计人员的专业标准。

第二节　企业财务会计、权利与企业财务会计目标

会计主体利益和有关外部利益者利益二者属于对立统一的，也是促进企业财务会计产生与发展的基本动因。所以，会计信息的质和量都应该是会计主体和运用生产要素每个全能主体在合作对决的过程中一起界定的，企业财务会计最终的目标就是保证二者在这种合作对决中均获得利益。本节主要对企业财务会计、权利与企业财务会计目标相关问题进行进一步的论述。

自美国 FASB 这一财务理念构造发布之后，企业财务会计理念构造研究就成为企业财务会计理论的重点内容，这个构造核心有两个思路，第一是将企业财务会计目标当作起点，第二是将会计假设当作起点。这就说明，想要建立对于会计标准制定以及发挥指导作用的企业财务会计理念构造，就一定要先把财务目标的问题解决好。因此，下面将进一步分析企业财务会计权利以及会计目标。

一、会计信息质和量是以会计主体、生产运营条件和外部环境权利主体共同界定的

不一样的权利主体通过相应权利参加会计质和量的界定。根据企业财务会计服务对象来讲，会计信息的本质不仅是对内会计，同时也是对外会计，需要给会计主体相关的利益者提供必要的会计信息。当前，会计信息外部使用人员包含我国政府部门和债权人以及可能成为债权人的人、投资者和可能成为投资者的人、人力资源权利主体其聘用人员还有四周环境权利主体等。

通过多次博弈界定会计信息质和量。现代社会经济对构成会计主体生产运营能力十分有利，任何一种权能主体都按照相应权利参加会计主

体利益的配置，针对理性经济人理论，所有权主体都能够实现自身利益最大化，将自己的损失降到最低。基于这种利益配置合作对决，所有权能主体想要得到更多的利益，有两个渠道能够实现，第一个是使会计主体获取利益最多，第二个是让自己方获取最多的利益。

所以，在对会计质和量进行界定的过程中，一定要思考外部利益人员的利益，听取所有外部利益企业的建议，确保外部利益企业总体利益，让其能够科学的获利。并且，这对于会计主体本身也十分有利。因此，在对会计信息质和量进行界定的时候，一定要对资本市场良好循环有益，给企业生产经营制造一个优秀的外部环境，始终坚持优胜劣汰这一原则，才能够完善总体社会资源组合。要求会计标准制定人员必须要对双方的意见进行充分的思考，让双方的利益能够进行最好的组合，进而实现共赢。

二、企业财务会计目标界定

确保资本市场正常顺利发展。会计主要利益与有关外部利益者利益是对立统一的，能够促进会计信息揭示不断改进，调节所有全能主体之间的利益，推动社会资源科学的分配。在资本市场不断发展的时代，社会资源科学分配主要体现在资本所有权的科学组合。因此，目前企业财务会计根本目标就是要保证资本市场健全，以此加大会计主体由资本市场得到最大资本的概率，进一步加大生产的规模，对资本构造进行改善。针对资本市场债权主体来讲，其在短暂摒弃资本应用权利的时候，会计主体一定要让债权主体相信其能够按照规定收回成本与利息。因此，会计主体一定要提供和债权主体有关的一系列会计信息。针对会计主体所有权来讲，在所有权与经营权分离这种企业制度条件下，所有权主体在摒弃资本使用权的过程中，要求会计主体一定要让所有权主体相信其资本可以增值，因此，企业财务会计一定要提供行业资本增值有关的一系列会计信息，从而给投资人员进行正确的决策提供一定的便利。若企业财务会计信息无法完成上面的要求，那么资本市场将很难正常稳定地发展下去。

协调会计主体和四周环境。会计主体始终在四周环境中生存，会计主体想要发展必须要调节好与四周环境的关系，所以，企业财务会计还应该提供和四周环境有关的一系列会计信息，同时这也是社会责任会计受到重视的动因之一。

会计信息价值影响财务目标确定。会计信息对于使用人员的价值多少主要是和专业知识掌握情况和判断能力有关，相同的会计信息对于不一样层次的使用人员有着不同的价值。企业财务会计目标在思考会计信息好处的过程中，应该以各种类型的权利主体总体情况当作准则，会计信息价值还有一个思路就是将会计信息加工和处置以及揭示花费和制度实施费用的总和与会计信息效果进行比较，按照科斯交易费观点，所有会计信息除去社会交易花费应该确保最大利益。

观察我国和国外一些学者针对股权结构和企业多元营销关系相关问题的探索主要有两个观点，并且呈对立的状态，一种观点觉得二者之间有着明显的相关性，而另一种观点觉得二者之间没有相关性。而本节觉得股权结构和企业多元营销二者之间是存在着一定的关系的，但是这种关系最多只是一种相关关系，不可以说成严格的因果关系。研究人员对于二者之间的关系均是使用计量经济模型对其进行回归分析，这种实证分析的方式存在一定的局限。第一，研究人员基于不一样的研究角度选择研究对象，对象企业处于的外部环境存在巨大的差别，因此所得到的结果无法表示全部的情况。第二，假设股权结构和企业多元营销二者存在着明显的相关关系，股权结构变化属于企业多元营销改变的原因之一，但是它不是唯一的一个原因，是和别的因素相互协作一起发挥作用，造成企业多元营销发生改变。

在外部环境和别的条件都一样的前提条件下，若一家企业治理结构良好，那么这家企业多元运营水平会相对较低。站在企业治理产生的历史以及逻辑角度去看，其股权构造和公司多元运营二者有着十分密切的关系，只有在股权结构具有合理性的前提下，才能够构成健全的企业治理结构，从而确保企业多元化运营。

通过本节对企业财务会计和权利与企业财务会计目标相关问题的进一步阐述，使我们了解到会计主体利益和有关外部利益者利益二者是对立统一的，是促进企业财务会计产生与发展的基本动因。所以，会计信息其质和量应该是会计主体和生产运用要素每个全能主体在合作对决的过程中一起界定的，企业财务会计最终的目标就是保证二者在这种合作对决中均获得利益。因此，希望通过本节的阐述，能够给企业财务会计权利以及企业财务会计目标设定方面提供一定的帮助，进而实现双赢。

第三节　企业财务会计的信任功能

企业财务会计能够在代理人与委托人之间建立信任机制，通过企业财务会计信息能够加强双方的信任；作为一个完善的信任机制，通常会将企业财务会计与其他的信任机制联系起来，本节将通过建立初步的分析框架，进一步分析各种理论制度对企业财务会计的影响，并梳理企业财务会计中的一些争论。

在委托与代理问题存在的情况下，企业财务会计信息能够在一定程度上解决信息不对称的问题，企业财务会计信息也因此在资本市场发挥着重要的作用。企业财务会计信息中关于投资项目的准确信息有助于投资者作出正确的判断，相应的作出正确的投资决策，这一作用通常被称为企业财务会计信息的投资有用性或者是定价功能。另外，在代理人与委托人建立委托代理关系后，委托人可以要求代理人提供相关的企业财务会计信息，这有助于委托人的财产安全评估，并以此来约束代理人，企业财务会计信息的这一功能被称作契约有用性或是治理功能。不难看出企业财务会计信息功能不仅能在一定程度上解决信息不对称的问题，还能够实现定价与治理的功能。

然而企业财务会计为何会具备信任功能仍然不够清晰明了，一些学者只是结论性的认为企业财务会计具备信任功能。在探讨企业财务会计的信任功能时，可以从多方面入手，如企业财务会计为何具备信任功能，外部因素对企业财务会计的影响以及制度对企业财务会计的影响等等。

一、企业财务会计信任功能的概念及理论基础

企业财务会计的信任功能，重点在于企业财务会计和信任两个核心。企业财务会计属于会计的一个分支，通常是指通过对企业已经完成的资金运动进行全面系统的核算与监督，为外部与企业有经济利害关系的投资人、债权人以及政府有关部门提供相关的财务状况与盈利能力等经济信息的经济管理活动。显然企业财务会计不仅仅是指产出结果，还包括产出过程，对交易事项进行特定处理后经过外部审计才能成为公开信息，这一最终信息被称为企业财务会计信息，在现代企业中，企业财务会计还是一项重要的基础性工作，为企业的决策提供重要的相关信息，有效地提高了企业的经济效益，促进市场经济的健康有序发展。

信任是一个抽象且复杂的概念，范围广泛，且通常被用作动词，信任总是涉及信任主体以及被信任的客体，由主体决定是否信任客体，然而实际过程中，主体决定是否信任客体的条件无法控制，只能单方面期待客体有能力且遵守约定为主体服务。因此本节中的信任只包括主体、客体、能力以及意愿，具体情况就是主体信任客体有能力且有意愿为主体服务。

信息不对称问题是委托代理关系中必然会出现的问题，信息不对称作为一个普遍存在的问题，通常会导致逆向选择问题以及道德风险问题，其原因多为代理人的不诚信或是委托人不信任代理人，因此，企业财务会计信息的有效性能够在一定程度上解决信息不对称的问题，也能够看出信任才是代理委托关系以及信息不对称这两者的实质性问题。而在代理委托关系下，委托人对代理人不信任是很正常的，委托人作为主体，承担着委托代理关系中的绝大部分风险，故而委托人有理由不去信任代理人，因为委托人无法确认代理人是否有能力且有意愿为自己服务；由于代理人的不诚实以及委托人的不信任造成信息的不对称，最终导致事前的逆向选择以及事后的道德风险问题，这时企业财务会计信息就能够发挥其定价以及治理

的功能了，所以，从本质上来说，企业财务会计解决的根本问题是委托者对代理人不信任的问题。

企业财务会计信息作为财务信息处理的流程性记录，在一定程度上具有预测价值，能够减轻代理人行为上的不可预测性，加深了委托人对代理人的信任程度。同时，企业财务会计信息还能够作为评估代理人能力的参考信息，让委托人对代理人能力有所了解，以此增加委托人对代理人的信任程度，而且企业财务会计信息注重于分析代理人能力与委托人利益变化的关系，更为有力地证明了代理人的实际能力。

在委托人与代理人的信任关系中，完全寄希望于代理人自发的为委托人服务也是不切实际的想法，也无法形成强制性的措施，对此可以通过制定对企业财务会计信息要求的规定使得委托人有一种主动制约代理人的能力，使委托人对代理人的控制建立在明确的基础之上，在增强委托人的控制能力的同时，还增进了委托人对代理人的信任。契约签订也是约束代理人为委托人的利益服务的重要手段，行之有效的契约使得代理人不得不在实际行动上有利于委托人。

二、企业财务会计信息中信任制度理论的应用

制度的作用通常是威慑和约束代理人的不良行为，可以对代理人损害委托人利益的行为作出适当的惩罚，这种惩罚性使代理人不得不向委托人提供真实的企业财务会计信息，同时还能够约束这代理人的行为，促使代理人不敢侵害委托人的利益，因此，制度的制订也能够提升委托者对代理人的信任。

上文中还提到了企业财务会计信息的定价功能与治理功能。在实际应用中，企业财务会计信息的定价功能体现在委托者能够通过企业财务会计信息评估代理人能力的强弱，从而针对代理人能力给出一定程度的信任度；而企业财务会计信息的治理功能便是通过契约条款来约束代理人，致使代理人在实际行动中做出有益于委托者的行为，在企业财务会

计信息的治理功能中，会计信息是作为必要条款而存在的。

综上我们大致能够得出这样的结论：针对会计信息的制度可以提高会计信息的定价功能，而针对代理人的制度可能会降低会计信息的治理功能。尽管我们可以在理论上做出上述分析，但是也必须看到，现实当中不同针对性的制度是同时出现的，难以将它们的影响区分开来，这也正是经验研究得出不一致结论的原因。

本节从委托人和代理人的社会关系出发，对委托代理及信息不对称问题进行了分析，从信任的角度出发研究了企业财务会计的模糊问题。企业财务会计应构建更加完善的信任机制，利用企业财务会计的信任功能提高企业财务会计理论的解释力和预测力，丰富和推进现有企业财务会计理论发展。

第四节　企业财务会计与税务会计的差异和协调

随着会计准则和税务制度的不断深化与完善，企业财务会计与税务会计的差异日益明显，鉴于两者在经济管理中的重要地位，处理好两者的关系是协调企业、国家、社会之间利益的重中之重，协调和完善企业财务会计与税务会计的关系刻不容缓。笔者针对企业财务会计与税务会计两者的差异及其产生原因进行研究分析，并在此基础上，提出协调企业财务会计与税务会计差异的对策，在实际工作中为企业和公司提供借鉴和帮助，让其更科学、更稳健地运行实务工作。

企业财务会计与税务会计既相互关联又有一定的差异。企业财务会计是指对企业的资金和财务状况进行全面监督与系统核算、以提供企业的盈利能力与财务水平等经济信息。企业财务会计依照相关的会计制度和程序，为涉及利益关系的债权人、投资人提供相关的资金信息；企业财务会计不仅在企业运作中起着基础性的作用，而且对企业的管理和发展有重要的促进作用。所谓的税务会计是根据会计学有关内容和理论，对纳税人应纳税款的形成、申报、缴纳进行综合反映和监管，确保纳税活动的全面落实，让纳税人员自觉根据税法规定，进行税务缴纳的一项专业会计学科。税务会计是进行税务筹划、税金核算和纳税申报的一种会计系统。通常人们认为税务会计是企业财务会计和管理会计的自然延伸，而自然延伸的基本条件是税收法规逐渐趋于复杂化。目前，受到各种因素的影响，大部分企业中的税务会计不能从企业财务会计和管理会计中分离出来，导致税务会计无法形成相对独立的会计系统。但企业财务会计和税务会计都是我国会计体系的重要组成部分，两者既有关联又有差别，具有一定的差异性和相似性，两者都是在符合国家法律和规章制度的基础上对经济利益进行保护，并且为企业的客观财务信息提供支持，保证企业管理人员可以得到正确真实的财务信息。重视企业财务会计与税务会计之间的差异，并强化两者的差异协调，能够促使企业提高管理水平，进而实现整体经济效益的迅速发展。

一、企业财务会计与税务会计差异产生的原因分析

在新《企业所得税法》和《会计制度》的实施下，企业财务会计与税务会计在会计目标和核算范围等方面都出现了新的差异，在我国经济快速发展以及会计制度的一系列改革的促动下，企业财务会计与税务会计的差异越来越大。一方面，企业财务会计的核算流程、方式、内容都是依照企业财务会计的准则进行的，企业财务会计制度的重点是努力实现财务和经济的标准化，提供经济利益保障。而税务会计的核算流程、方式、内容是依照税务会计的规定进行的，税务会计的重点是遵照国家税法的标准对纳税人进行征税，两者在本质上存在差异。当今，财会体系不断发展，特别是国家开展了关于财务领域的相关革新活动，使得企业财务会计领域的相关体系与准则和税法之间开始出现隔阂。另一方面，许多单位的所有制也表现出多种样式，经济体制的逐渐改变也是导致二者产生差异的重要原因，经济体制的改变带动了所得税的变化，使得税务会计与企业财务会计的差异日益明显。

二、企业财务会计与税务会计的差异分析

由于传统的经济管理体制不能适应社会的发展，随着税务职能的深入和渗透，企业财务会计与税务会计之间的差异日益凸显，两者在会计目标、核算对象、核算依据、会计等式和会计要素等方面都出现了明显的差异，下面对企业财务会计和税务会计两者的差异进行分析比较，从而为两者之间的协调发展提供更大的空间。

（一）会计目标的差异分析

会计目标是会计的重要组成部分，是会计理论体系的基础，其在特定情况下，会因受到客观存在的经济、社会现状以及政治方面的影响而变化，对企业财务会计和税务会计所表现的会计目标差异进行分析具有重要的意义。

1. 基于企业财务会计的会计目标

企业财务会计要求从业人员依法编制完整、合法、真实的对外报告和会计报表来反映财务状况与经营成果，为管理部门和相关人员提供对决策有用的会计信息。企业财务会计目标在会计制度系统和企业财务会计系统中有着举足轻重的作用，是制定各种法则和规范会计制度的重要因素。一般来说，企业财务会计目标分为决策有用观和受托责任观。决策有用观是指信息使用人员要确立正确的企业财务会计目标，为管理层提供制定决策有用的信息。受托责任观是指如实反映受托责任的状况。另外，企业财务会计的目标是以记录和核算所有经济业务的情况为基础，编制资产负债表、利润表、现金流量表和附表，向财务报告使用人员提供相应的企业经营成果、财务状况与现金流量状况等有关的会计信息，对企业的管理层所托付的任务履行情况进行真实的反映，使领导层能够根据相关财务报告可以做出更加正确、合理的经济决策。

2. 基于税务会计的会计目标

税务会计是商品经济发展到市场经济阶段的必然产物，税务会计的目标：一方面以遵守税法的相关规定为基本目标，进行正确合理的计税、纳税和退税等操作，以实现降低成本的目的，使税务会计主体可以获得较大程度的税收收益。税务会计再通过向税务和海关部门纳税申报，将纳税信息提供给信息使用人员，帮助税务部门更加方便地征收税款。另一方面将有利于做决策的相关信息提供给税务管理部门和纳税企业管理部门，使得税务管理部门和纳税企业管理部门能更加正确地进行税务决策，也可以通过整合和运用高层相关人员所提供的相关信息，得到合理的决策方案，获取更大利润收益。

（二）核算对象的差异分析

会计核算是指以货币为主要计量单位，对企业、事业、机关等有关单位的资金和经济活动进行记账。会计核算范围分为会计时间范围和会计空间范围；会计的时间范围，是指会计分期，通常会计从时间来看，是以一个年度来划分范围的；会计的空间范围，是指会计主体，实际上看就是一个企业。另外，会计核算的范围从空间上看，它只核算本企业的经济业务。企业财务会计与税务会计两者的核算对象存在着明显差异，企业财务会计核算对象是通过货币来反映资金运动过程，而税务会计核算对象是通过税负来反映相关的资金运动过程。通过分析企业财务会计和税务会计之间的核算对象差异，能对企业的业务操作与制度改进具有一定的参考价值和借鉴价值。

1. 企业财务会计的核算对象

企业财务会计通过货币计量，对相关企业的有关经济事项进行核算，为投资人和债务人等利益相关人员进行服务，企业财务会计核算的对象是可以用货币表现的全部资金活动过程，需要通过企业财务会计对有关资金状况进行核算。资金活动过程不仅可以在一定的程度上反映企业的相关财务状况，而且可以对企业一些资金的变动和经营情况进行反映。将资金的投入、周转和循环、退出等过程作为核算的范围也可以满足投资人员、经营管理人员、企业和国家的经济管理需求。总体上，企业财务会计的核算对象所涉及的范围要比税务会计更加广泛。

2. 税务会计的核算对象

税务会计是对纳税人的税收变动相关的经济事项进行核算，税务会计核算的对象仅是与企业税负有关的资金运动，包括企业财务会计中有关税款的核算、申报等内容，与税收没有关系的业务不需要进行核算，也反映出税务会计的核算对象是受纳税影响而引发的税款计算、补退以及缴纳等相关经济活动的资金运动。而且税务会计的核算范围和企业财务会计的核算范围还存在着一定的差异，具体表现在税收减免、纳税申报、收益分配以及经营收入等和纳税相关的经济活动，相对来说税务会计涉及的范围比较小。

（三）核算依据的差异分析

企业财务会计和税务会计的核算依据有着明显的差异性，企业财务会计的核算依据是按照会计准则和制度开展的组织活动，其核算的原则和方法都是来自会计准则。而且会计准则会因为行业不同而存在一定的差异，具有一定的灵活性；再者，根据会计准则和相关制度的有关要求和规定对会计核算组织记录真实的财务活动，并且提供有用的会计信息，以协助企业经营和管理。依据会计准则就是要对外提供真实相关的高质量财务报告，一方面要针对相关的资源管理和使用情况向企业管理层作出真实的反映，另一方面为财务报告使用人员提供正确合理的信息，帮助管理层作出正确的决策，对会计核算的一些不恰当行为进行规范。税务会计的核算依据是税收法规，核算原则和方法来自税法，税法具有强制性、无偿性和高度的统一性，用于规范国家征税主体和纳税主体的行为，从业人员要遵循税法的宗旨和规定进行核算，然后按照税法的规定对所得税额进行计算总结，并且向税务部门进行申报。税务会计核算要恪守法律规定，遵守国家对纳税人相关缴税行为的规定，目的是为了保证可以足额的征收企业税款，以满足政府公共支出的需求，实现在国家和纳税人之间的财富分配。

（四）核算原则的差异分析

企业财务会计使用权责发生制作为核算原则，税务会计是在权责发生制的基础上，使用收付实现制对其进行调整。由于权责发生制和收付实现制对于同一笔经济业务的处理时间和处理原则不同，导致二者在入账时间及入账金额方面可能不一致。

（五）稳健态度的差异分析

会计稳健性原则是在会计核算中经常使用的一项重要原则，国家发布的《会计制度》和具体会计准则充分体现了这一原则，对会计核算有重要的指导作用。稳健性原则是指当相关企业遇到没有把握或者不能确定的业务时，在处理过程中应该要保持谨慎严谨的态度，可以记录一些具有预见性的损失和费用，并且加以确认。企业财务会计的稳健态度表现在：对企业可能造成的损失和费用进行预计和充分考虑，不去预计企业可能发生的收入，让会计报表可以更加准确的反映企业的财务状况以及经营成果，避免让报表使用人员误解或者错读报表信息。而税务会计的稳健态度表现在：它不会预计未来可能发生的损失和费用，只对一些已有客观证据并且可能在未来发生的费用才进行预计，比如坏账计提，其具有一定的客观性。在市场经济的发展态势下，规避风险是很多企业不可避免的问题。在面对问题时，应该积极应对、坚持审慎严谨的原则，在风险实际出现之前做到未雨绸缪，减少风险并防范风险，以化解风险，这样既对企业作出正确和合理的决策有促进作用，也间接提高了企业对债权人利益的保障能力，进而使企业在市场上有更加强劲的竞争力。

（六）会计等式和会计要素的差异分析

会计要素是反映会计主体相关财务状况的基本单位，通过对会计对象进行基本分类而形成。企业财务会计有六个要素，包括资产、负债、所有者权益、收入、费用、利润，这六个要素存在联系也有区别，是会计对象具体化的反映，而且企业财务会计围绕着这六大要素来反映企业发生的内容和业务，它构成的会计等式为："资产 = 负债 + 所有者权益"，这是在编制资产负债表时要满足的原则。"收入 - 费用 = 利润"，这是在编制利润表时要满足的原则。税务会计有四大要素，包括应税收入、扣税费用、纳税所得和应纳税额，其中应纳税额是核心，其他三个要素是为应纳税额的计算提供前提条件。另外，这四个要素和企业应交税款关系密切，税法的应税收入可能与会计上的收入和费用会有所差异，在编制纳税申报表时，税务会计的四个要素构成了以下等式："应税收入 – 扣除费用 = 纳税所得额""应纳税额 = 纳税所得额 × 税率"通过以上等式来更加具体地反映计税过程。

三、企业财务会计与税务会计的协调分析

在企业财务会计和税务会计的协调发展问题上，首先，要明确两者之间的关系，才能在社会不断发展的过程中协调好两者的关系，避免出现方法不统一、关系严重不协调的现象，要做好财务政策与税收政策、会计政策之间的协调工作，强化会计处理方面的协调性，加强规范性。其次，放宽税法对会计的限制，加强税收法律和会计制度的适应性，重视两者的协调工作。最后，重视人才培养和信息披露，不断提高工作人员的整体素质，加强工作人员的从业学习能力，同时加强对信息的充分披露，确保会计信息能够全面、准确、充分地披露。处理好企业财务会计和税务会计的协调性，使两者之间政策的一致性得到保障，尽最大的可能减少差异的产生，这不仅可以促使国家经济的持续发展，为企业科学管理奠定基础，还可以保证会计信息的真实合理，使企业效益得到有效的保障，从而实现企业价值最大化和效益最大化的管理目标。

（一）强化会计处理方面的协调

首先，在会计处理方面，企业财务会计的核算在按照税法规定的同时也要遵守相关的会计原则。税务会计可以将相关的税收理论转变成税法学的相关概念、原理和基础，使其能进一步和相关会计原理与准则相结合，并且借助会计方法，反映企业的应纳税额。税务会计要植根于企业财务会计，企业财务会计是税务会计的前提；其次，需要统一会计核算基础，税收采用的是收付实现制，它虽然在操作方面比较便捷简单，有利于税收保全，但会使应纳税所得额与会计利润之间产生差异，不能体现出税收公平的原则，既不符合收入和费用相匹配的会计原则，也不符合会计可比性的相关要求。所以在税务会计处理方面应该以权责发生制为基础进行计量，尽量减少税收会计和企业财务会计之间的差异，体现出税收的公平；最后，还要重视会计处理的规范化，企业财务会计制

度和税收法律要体现在具体的工作中，会计制度要与税收制度相互协作，保障会计业务的规范化，根据会计理论和方法对税务会计理论体系进行完善，实现企业财务会计和税务会计的紧密联系。由于我国的会计处理方法还不健全、体制还不完善、缺少相关会计制度的制约，而且企业财务会计发展的时间比较久，所以它相对税务会计，已经形成了比较完善的企业财务会计理论体系，对我国的企业财务会计发展有着重要的指导和推动作用。因此要完善和规范会计制度，加强会计制度和税收的协调管理，相关政府需要加强对税务会计理论体系构建和完善的力度，加快税务会计的理论体系构建，将税收学科合理的应用于税收体系的构建当中。强化会计处理有利于我国税务会计学科的发展，为更好地完善企业财务会计制度奠定基础，同时也有利于会计制度和税收法律制度在管理层面上相结合，可以为企业财务会计和税务会计在企业上的协调发展做出贡献。

（二）放宽税法对会计的限制

一方面，税法应该适当地放宽企业对风险的评估，这样既能保证企业的抗风险能力，也不会对税基造成损害，放宽税法对会计方法选择的限制有利于提高会计政策的灵活性，从而促进企业创新技术和增强竞争能力。税法可以规定在企业发生会计政策变更时，要通过税务机关的批准和备案，并且针对会计政策变更做出相应的规范方案，防止偷税漏税。另一方面，要强化会计制度和税收法规的适应性。由于企业财务会计是建立在相关会计制度和规章的基础上，而税收会计是建立在税收法律基础上的，两者的原则不同。因此，要更加重视税法和会计制度之间的适应性，会计制度要重视和关注税法监管的相关信息需求，实现和加大会计对税法和税收规章的信息支持效果，并且税法也要积极提高对会计制度协调性的执行力度，对税收征管中与会计制度进行磨合，增强两者的协调性，这样既有利于企业财务会计和税务会计的合理协调，也可以推动企业和国家的经济发展。

（三）重视人才培养与信息披露

当前，大部分企业的财务人员和税务人员掌握的专业知识和理论都处在财务和税务分离的状态，甚至有一些工作人员只掌握其中一小部分的知识。这样不仅阻碍了企业的发展，而且还限制了企业财务会计和税务会计工作的合理开展，所以企业要重视和加强财务人员对企业财务会计和税务会计的学习，增加其协调性。另外企业财务会计人员在进行会计工作的时候，要以《会计准则》为基准，遵守财经法规等职业道德，不断提升自己的专业学习能力、巩固专业知识、提高自己的素质，保障企业会计信息的客观真实、健全完整。同时，当前会计准则对企业披露信息要求比较低，导致披露不足，这增加了税务机关监管和征缴税款的难度，使得债权人不能充分了解和掌握企业有关税款征收的信息。针对现阶段的会计制度和对会计信息的披露制度不完善的现象，应努力加强政策宣传与会计信息披露，无论是税务部门还是财务部门都需要在宣传方面加大力度，提高对政策宣传的支持力度，保证能够把企业财务会计和税务会计的相关内容纳入宣传工作范围，从而提高税收法律协调的效率。另外，应该保障会计报表的公开性和披露完整性，确保会计信息能够更加全面、准确、充分地披露，以促进企业财务会计和税务会计的协调发展。

随着经济体制的不断改革和我国会计信息应用的多元化发展，税务会计和企业财务会计的矛盾和差异也日益增大，两者的矛盾和差异为企业的发展和运作、财务与税务管理等方面带来许多困难和干扰，虽然我国在努力缩小企业财务会计和税务会计的差异，但是两者差异不可能立即消除，所以协调好两者关系势在必行，针对当前存在的企业财务会计和税务会计之间的管理差异，应该辩证对待，对两者的差异进行合理分析，在理论上不断地创新，在方法上不断健全和完善，结合当前的经济发展形势选择可行的协调模式。另外还要加强会计制度和税法的适应度，加快税务会计和企业财务会计的理论体系构建速度，加强财务部门和税务部门的沟通，重视人才培养、提升人员素质、强化必要信息的披露工作、协调企业财务会计和税务会计之间的矛盾，使企业可以更科学更稳健地运转，这不仅对企业管理水平的提升具有重要意义，而且对我国经济发展也会起到举足轻重的作用。

第二章　企业财务会计发展研究

第一节 财务会计新变化

一、大数据时代的到来

随着新技术模式的不断发展，人们接触的信息类型也呈现出多样化，这些不断增长的海量信息逐渐使人们步入了大数据时代。大数据是指种类众多，数量无法准确判断，在相应时间内不能运用常规的软件处理方法进行计算处理的不断变化的海量数据，这些数据必须通过新形式方法进行处理后才能进行使用，分析、提取有用信息，才能为企业创造价值。

大数据是高科技不断发展的产物，这些信息资源原本一直存在于人类的生活中，只是之前的技术能力不允许我们收集和利用这些资源。在如今云计算的创新推动模式之下，这些原来看起来很难集中使用的信息变得容易利用起来，在各方面技术创新的发展之下，数据资源能为人类的商务交往、日常出行和交流带来更多的价值。

就企业而言，大数据分析能为企业提供精确的消费者需求偏好，帮助企业更好地服务小型市场，使得企业能更快速地确定目标消费群体，制定合适的消费广告和商品策略。传统企业也能利用大数据模式明确当下消费者喜好，结合自身业务模式，成功地实施转型策略，与时俱进，不被快速变化的消费者需求抛弃。当代创业者也能利用大数据成果分得一杯羹，变化的社会必然带来人们对新的生活方式和商品服务需求，这些新进入市场的企业可以从大数据中得知这些变化，从而在市场中获取一份收益。虽然大数据能为这些企业带来无比可靠的信息和资源，但是不可否认，海量且不断变化的信息也会提供误导的、无效的信息。如果能够高效地甄别这些信息资源，实时地分析处理这些资源，企业将能够提出更好的商业战略。

二、大数据兴起对财务会计的影响

会计信息是反映企业财务状况、经营成果、现金流量的财务信息，帮助相关利益者，如管理者、借款人、投资者、员工等快速地了解企业状况。企业良好的业绩会显示在会计信息中。企业失败的投资、负面的社会影响也会在会计信息中展现。所以会计信息是评价企业利益状况的重要依据。

（一）会计信息的准确性得到了提高

会计信息能反映企业的财务状况、经营状况、现金流量。在大数据技术的支持下，企业能实时更新财务公允信息，使得会计信息更加符合当下时点企业的财务状况，提高了企业财务状况的准确性和透明性。除此之外，传统的会计信息处理通常采用人工记账的方式，这期间难免发生人工计算误差和核对疏漏，大数据引进的高科技计算模式则可以避免这种错误，企业能够更加快速、准确地处理和记录各种财务信息。促使企业更加有效地认识当前财务状况，有序地进行日常业务操作，提出更加合理的商业策略。

（二）会计信息资源实现了平台间的共享

大数据技术在云计算的支撑下得以实现，意味着会计信息不再封闭在某一部门之内。一方面，云计算的便捷性能够使大量数据得以储存，并在企业不同部门内共享，比如采购、生产、销售等不同部门之间能同时明确实时存货数量、销售数量，并做出相应的采购和存储策略。

另一方面，云计算也能实现大数据成果在企业和供应商、客户、银行、会计师事务所等相关利益方之间共享，传递企业的实时数据信息，减少信息分享的成本，使得企业与利益方的合作更加透明和稳固。随着大数据技术的不断创新和发展，产业链的上游和下游数据共享将会以更快的速度传递，企业的日常业务能得到更广泛的应用，消费者的生活也会得到极大的便利。

（三）更深层次处理财务会计信息

大数据技术将企业一定时间内海量的信息加以整合、处理、分析，从而得出全面的企业财务状况和经营情况数据，帮助企业制定出更加切合企业发展的策略，也帮助相关利益人员分析确定和企业相关的交易决定。在传统采用人工的时代，员工通常无法得出更加有效的信息，仅仅是在简易的财务计算之后就将财务资料存档保留，没有充分利用财务信息的用途和价值，浪费了许多宝贵的财务信息。而大数据技术能够根据不同部门的特色挖掘财务信息的深层价值，或者根据企业业务的特点对比财务数据。从而提供企业需要的市场规律、目标人群、有潜力的商品类型等重要信息，帮助企业更好地获取利益。

三、大数据时代下财务会计的变化趋势

（一）财务会计的信息化程度会大幅度提升

在大数据时代，会计日常工作离不开信息技术，信息技术能够帮助会计工作者快速整合会计信息，并且在处理会计信息的过程中，信息技术能准确有效地计算出数据结果，避免人为错误和纰漏。所以未来的财务会计工作必定会在会计信息化技术上投入更多的资本，加大创新型会计软件的研发力度，创造出更多地适合各个产业、便利有效的会计软件。同时，各行业的会计部门都会加大会计信息技术的基础建设，如计算机硬件设施、培养会计从业人员进行相应软件的使用，以提高会计电算化素养。其次，会计信息化在企业内部各部门间的普及，对于企业快速发展和持续经营理念的实现尤为重要。会计信息系统能够在企业内部同一个平台上及时分享最新的部门采购、生产、销售情况，为企业下一步策略的制定和实施提供了重要的依据。因此企业会加速建立和完善一个企

业内部部门共享和传递业务信息的平台系统，推进日常业务工作的进行。财务会计信息化程度的全面提升会对企业会计工作的有序进行有重要意义。

（二）企业会对内部会计信息采取更多保护措施

大数据技术虽然能够更完整地储存会计信息，方便企业日后查找，但这也将企业的内部信息更加完整地暴露给能攻破企业内部数据技术的其他网络人员。一些核心数据能让竞争企业充分明确企业的竞争优势，从而制定相应竞争策略，这会对企业带来严重的打击。在大数据时代，任何的电子信息都不是百分之百安全的，所以企业会不断地完善安全系统，确保一个安全的财务环境。企业会不断加大在信息技术安全上的投入，聘请专业的信息安全人员，在挑选会计信息系统时结合企业所有部门的特点，对会计信息系统进行全面的分析和衡量，将财务信息的安全风险降到最低。企业还会重视市场上信息系统资源的变化和电子信息技术的进步，对企业的安全系统进行不断升级，及时制订新的计划，从而保护电子信息资源的安全和企业的利益。

（三）传统的财务会计会逐步向管理会计转变

传统的会计人员通常是将企业会计信息进行简单的确认、计算和记录，然后将记录好的数据用报表形式展示各企业管理者。因为传统的会计人员技术有限，没有会计信息的技术的支持，简单的会计处理会占据大量的工作时间，且无法分析出会计信息中深层次的价值。但是大数据时代下的会计人员可以借助会计信息技术快速完成日常的会计记录工作，而且大数据技术能深入挖掘财务信息的价值。这意味着会计人员不会仅仅从事简单的记录工作，会从不同方面，不同程度对企业的财务状况进行分析，找出企业发展过程中存在的问题，对企业的经营状况进行客观的分析，并提出可能的解决方案，与其他会计人员进行协商，帮助企业管理者做出更好的决策。企业在大数据时代下的企业决策通常是经过数据技术全面的分析和了解之后制订的，这些决策能够更好地保障企业的利益。

从以上的分析来看，大数据的到来为企业会计工作带来了诸多的好处，提高了会计信息的质量标准，也便利了企业内部之间及企业与外部企业之间的合作，针对这些变化，企业财务会计会逐步向管理会计转变。

第二节 财务会计发展趋势

随着我国经济社会的快速发展与进步，当代企业的发展已经不再能够完全依靠旧形式的财务会计管理方式来处理日常工作，当代企业若想打破财务会计工作对企业发展所产生的阻碍，就必须要对财务会计相关工作进行全面的改革创新。经济社会的快速发展，对于企业的各方面工作都有了更加严格的要求，企业想要在经济发展的浪潮中获得长足的发展，就需要及时的根据自身财务发展的状况，有针对性的调整企业的财务会计工作模式，推进财务会计工作的全方位改革，在顺应市场经济发展大潮流的背景之下，为企业自身的发展创造一个良好的空间。

一、当代财务会计的发展

（一）财务会计的内涵

1. 财务会计的含义

当今社会，财务会计行业依据其自身服务对象可以分为两大类，其一是指管理会计，其二是指财务会计。财务会计主要的工作就是为其雇佣者提供企业相关的财务信息，不仅包括投资人、债权人，还包括政府等相关部门。财务会计工作的灵活性相较于其他行业而言会低一些，通常情况下，财务会计的工作会有固定的工作标准以及相应的计量程序，对于财务的核算也有独有的会计准则进行要求，相关的工作人员在进行工作之前，会接受专业的职业训练，财务会计对于企业的良好运转具有不可替代的作用，能够全方位的管控企业的发展方向，对于企业的相关决策具有决定性的作用。

2. 财务会计的特点

财务会计的一系列工作比较复杂，其核算的内容基本都是企业的财务部分，正确的财务会计工作能够准确地计算出企业运转过程中的盈亏，对企业的经济效益做出精准的把握，帮助投资者预测出最正确的投资方向，实现企业经济效益最大化。

（二）财务会计的发展历程

财务会计最早是伴随着生产活动产生的，后来随着社会经济的快速发展以及科学技术的飞速进步，企业的生产效率也大大提升，企业将自己的发展重点转向生产技术层面，财务会计就逐渐在这一过程中成为把控企业的重要手段之一。财务会计不仅能够精准的计算出企业的营业利润，控制企业的发展方向，还能将企业发展所涉及的虚拟资产以及实际资产进行明确的规划，但是财务会计的工作主要是通过人工完成的，这就导致企业在财务会计工作方面需要投入巨大的人力以及物力资源，在大范围处理企业相关工作的过程中可能会对企业的整体工作进程产生一定制约的作用。随着时代的变化与发展，财务会计的相关技术也获得了快速的进步，在节省成本的基础上还能够最大化的实现信息的录入工作，推动企业各方面工作的高校运转。

二、当代财务会计发展过程中的问题

（一）财务会计从业人员素质较低

1. 业务能力不强

财务会计工作最重要的就是财务会计相关的工作人员，工作人员的能力素养在很大程度上能够决定财务会计工作能否顺利地完成。但是，从当前我国财务会计工作发展过程中所面临的问题来看，财务工作人员的业务能力还不够全面，部分工作人员的工作素质还有待提升。

2. 理论基础薄弱

财务会计工作需要非常扎实的理论知识，因此，企业的相关工作人员需要拥有熟练且顺应时代潮流的财务理论知识。但是，当前企业的财务会计工作管理人员在工作中的理论知识储备存在一定的问题，在企业日常工作的过程中，并没有及时的更新自身的知识储备。另外，财务会计人员工作的积极性也不够高，导致企业的整体财务质量都不够高，财务处理效果也未达到预期。

（二）企业管理建设不完善

1. 企业管理建设完整度欠缺

企业财务的管理制度在建设的过程中本身就不够完善，企业在自身的发展过程中也不太注重相关部分的建设，这就导致财务会计相关工作虽然已有较长的发展时间，但是由于企业管理建设的不完善导致企业容易出现财务问题，甚至会产生一定程度上的经济损失。

2. 内部管理制度不完善

随着我国经济的快速发展，企业经济拥有巨大的发展空间，财务会计工作也相应地获得了较快的发展，过于快速的发展导致财务会计工作出现各种问题，长此以往，对企业的整体发展造成影响。财务会计工作的发展创新一直以来都不够积极有效，因此，财务会计工作发展与企业的整体发展相比较存在滞后性，并且会逐渐制约企业的整体发展进程。

（三）政府管理贴合度不够

1. 政府监督不到位

随着时代的快速进步与发展，社会的整体形势变化极快，政府对于快速变化的企业管控也出现诸多问题，近些年来，我国的财务发展在监测力度以及监测相关规章制度的建设方面都不够完善。我国的大部分企业在发展的过程中，对于企业的财务管控能力都有了较大的提升，但是整体上而言，财务的管理工作还是存在一些漏洞，这对于财务会计工作的开展会存在很大的制约性，并且可能会影响企业的整体性发展，甚至可能会导致企业产生经济损失。

2. 相关法律制度缺失

我国正处于法治社会的建设过程中，整个社会都需要相关法律制度进行约束，财务会计工作当然也需要相关法律制度的制约。但是，当前我国对于财务会计工作的相关法律制度的确立还不够完善，相关法律制度的确立也并未与快速发展的经济社会相对应，法律制度缺乏创新性，这在很大程度上会导致我国的财务会计工作发展不健全，无法完全的实现财务会计全方面发展，也无法满足经济社会快速发展的需求。

（四）网络建设存在漏洞

1. 专业化网络管理工作者缺失

当今社会已经全面进入数据化时代，科学技术的全方面应用对于社会的各个行业都产生巨大的影响作用。财务会计工作人员将企业的会计工作与信息技术相结合能够实现企业财务会计工作的高效率运作，但是，这也对会计人员有了更高的要求，当前企业的财务会计工作在专业化网络管理方面较为缺失，这也是制约企业获得快速发展的重要因素之一。

2. 网络专业设备不完善

互联网技术的全方位应用对于企业的财务会计工作而言，一方面大大地提升了其工作的效率，但是另一方面也对企业的财务会计工作相关专业设备提出了更高的要求。企业的财务会计工作本身拥有独立的运作设备，但是随着互联网技术的全面应用，使得企业需要更高科技的专业设备，对于企业而言，旧设备并未达到报废的程度，购买新式设备在一定程度上属于资源浪费，但是旧式设备与新型技术之间又存在一些不吻合性，就会比较容易导致整个财务管理信息的管控出现问题。互联网技术的发展使得财务会计工作所需要的信息逐渐网络化，这就对会计相关信息的维护提出了更高的安全要求。

三、财务会计发展趋势

（一）会计从业人员素质的高标准

1. 业务水平的高要求

当前社会经济的快速发展，企业的财务会计对于相关工作人员的整体素质有了更高的需求，企业需要培养更多有素质、有技术的会计工作人员。当前企业需要的财务会计工作人员不仅要拥有足够的创新能力，能够结合时代发展的需求，将自己的工作与新型技术紧密结合，从而不断提升自身工作的效率，还需要财务会计工作人员拥有良好的信息判断以及分析能力，能够及时地借助各种方法，深入探究相关信息，加强企业财务会计工作信息化建设，对企业的财务会计工作进行现代化的管理，从而推动企业经济效益的快速增长，为企业营造良好的发展态势。

2. 理论知识水平的系统化

企业财务会计工作的建设需要高素质的工作人员，因此企业需要不断地健全员工培养体系，帮助财务会计工作人员掌握最前沿的会计理论知识，并且依据企业发展的实际状况，开展一系列的培训方案，为企业的财务会计工作人员提供相应的学习平台，最终使得财务会计工作人员构建系统化的理论知识框架，形成有效的工作模式。

（二）企业的信息与管理化水平的进一步完善

1. 管理者更加重视管理和信息水平的优化

当今社会信息化技术的快速发展，加快了企业财务会计工作信息化建设的进程，企业的财务管理制度是企业能够开展一切工作的保障，能够提升财务管理工作的效率。因此，当前我国企业的管理者更加重视管理和信息水平的优化，以推动企业财务会计工作的良好发展。

2. 内部管理体制的进一步优化

企业的财务会计工作需要不断地完善会计信息化的建设，建立更加完善、科学、全面的管理制度，这对于企业的财务会计工作具有重要的制约作用。企业的内部管理体制在持续的优化过程中，也能够激发财务会计相关工作人员的工作热情，最终实现企业财务会计工作整体效率的提升，帮助企业朝着更好的方向发展。

（三）政府监管力度的加大和落实

1. 监督管理的进一步提升

我国企业的财务会计工作已经获得了较为全面的发展，其本身的工作划分较为明确，并且相关的财务管理工作人员能够结合自身的工作经验促使工作朝着更有效的方向发展。因此，我国企业的财务会计工作所需要的是更加精准的监督管理制度，企业财务的监督管控能够保证企业财务状况的合理有效性，避免企业财务出现重大问题，最大程度上避免企业在财务上面出现损失，能够帮助企业获得更加健康良好的发展，并且提升相关工作人员的工作效率，可谓是一举多得。

2. 相关制度法规的制定和健全

当前社会正处于一个快速发展的多元化时代，我国企业的财务会计工作也需要紧跟时代，不断更新相关概念，与社会经济发展保持相同的频率。财务会计工作需要制定和健全相关制度法规，以有效地对财务工作进行制约，推动其朝着正确的方向不断进步发展，保证企业的财务会计工作能够更加的精准。

（四）安全计算机系统环境的实现

1. 专业网络管理人才更加多样化

我国企业的财务会计工作利用信息化技术，最大限度地提升财务会计工作的效率，与此同时，也加强了财务会计相关工作人员的工作技术难度，这就需要企业培养更多的专业网络管理人才。企业的财务会计相关工作人员在掌握互联网相关技术基础之上，利用自身对于会计相关理论知识的系统性把握，将两者之间进行有效的融合，最大程度上实现企业财务会计工作效率，为企业的持续性发展提供强有力的支撑。

2. 网络专项设备更加完善

信息化时代对于网络专项设备的要求逐渐提升，企业在输入财务会计相关信息过程中需要更加安全的网络环境，但是当前企业借助于局域网进行工作不满足企业信息的安全性的要求，对于企业的财务会计工作效率也具有非常不利的影响。企业的财务会计工作需要借助于不同的网络信息技术，以实现财务会计工作相关信息的传播，拓宽信息传输的渠道，搭建企业独有的财务会计工作专用平台，实现各项信息之间的互动联通，最终提升企业财务会计工作的整体工作效率。

我国市场经济以及电子信息技术的发展进步，对于企业的财务会计工作也提出了更高的要求。我国的财务会计有了较为深远的发展，其在技术上的改革也是对于时代潮流的一种顺应，是对市场经济发展要求的一种满足。为了推动我国财务会计工作全面性发展，从而实现我国经济社会更加快速的发展，需要对我国企业的财务会计工作进行针对性的改进，最大化提升我国财务会计工作的整体效率，使财务会计工作朝着多元化方向发展，以确保我国企业的财务会计工作能够完全满足社会发展的整体性需求。

第三节　财务会计信息化研究

大多数企业的业务都具有流动性强、周期长、环节复杂等特征，因此，对于具体的工程项目而言，只要与财务会计信息有关联的环节都属于关键环节，只有全面加强财务会计信息水平，才能确保企业项目正常运转，并以此增加企业项目完成速度与效果。因此，现代企业必须要求管理人员，针对财务会计之中的信息问题展开深入研究，这样才能及时采取具体策略解决各类问题，并促进企业财务会计信息化发展。

一、信息化技术对于财务会计实际影响

随着我国信息技术的不断发展，信息技术已经改变了人们的生产生活方式，同时也促进了各行业的转型与升级。而对于企业来说，其信息化发展的目的就在于改善生产方式，提高生产的效率，采用先进的自动化技术、智能技术以及电子信息技术改良生产过程，进而实现生产的自动化。在此期间，现代企业还应该增加对于制造、计算机等技术的科研力度，对生产过程进行自动管理与控制，进而解放大量的劳动力，从而在降低人员工作难度与压力同时，进一步提升产品生产、制造以及管理等方面的实际质量。而企业信息化的另一目标就是实现内部管理控制的自动化发展，即通过网络将企业的财务、人事以及办公等多项工作进行联通，使得整个内部信息能够畅通的交流，提高企业经营管理的效率。对此，还应该在企业内部构建 AIM 与 MIS 这两种系统，这样不仅能够针对生产环节展开自动化管理，同时还能够实现财务会计管理工作的自动化。从整体的角度来看，财务会计本就属于管理系统的子系统之一，在采购、制造、营销以及运输等多个环节中都有存在，但是就目前的管理

情况来看，企业财务会计工作与以上管理工作存在脱节，再加上会计内部子系统之间只是通过转账形式取得联络，导致其数据难以实现系统之间的共享，进而严重影响财务会计管理效率。企业信息化发展能够提升信息技术的水平，进而促进会计软件与其他管理软件的融合，实现内外数据的共享，提高财务会计数据的开放性，为其他部门提供综合咨询服务，这样就能够提高企业经营管理的效率。

二、财务会计信息化发展趋势

（一）单一报表到多元报表转变

在企业财务会计管理工作中报表属于核心部分，其产出质量、结构以及数量都会影响企业的经营管理。经过调查与分析得出，对于传统的手工会计系统来说，其信息系统仅具备最为基础的读取、储存等功能，这样就导致会计报表具有单一性的特征。尽管在企业财务会计中已经普遍应用了计算机系统，但是其发展的思路并未解决报表属性单一的问题。在过去多年的发展与改革过程中，尽管企业财务报表体系已经经历了多次改革，但是始终都是在表面上做出部分调整，并没有起到彻底革新的作用。但是在当前的信息技术支持下，技术人员能够灵活运用互联网与信息化功能，针对财务会计展开重新设计，就能够改变传统会计系统单一性的问题，赋予财务会计更多功能，使得会计报表体系以及信息属性的多元化。除此之外，技术人员通过系统设计可以让广大用户自行挑选财务信息，这样能够赋予会计系统不一样的生命力。

（二）财务会计稳定性的增强

未来在财务会计朝信息化发展时，将会增强财务会计各类信息的相关、可靠以及稳定性能。以往当财务会计针对流动资金展开合理配置时，对于各类性能有着较高要求，如果相关信息需要用在投资或决策等方面，对各类性能要求则会更高。根据市场的调查发展能够知道，企业中会计信息能够直接影响企业的战略决策。因此，只有增强企业财务会计各类性能，才能够满足企业分配与决策不同需求。而对于传统会计信息管理系统来说，其主要强调的是信息的可靠性，使用单一属性的会计信息无法满足财务管理性能要求。因此，企业应该利用多元报表体系解决可靠性与相关性之间的矛盾，使得信息可靠性与相关性共同提升。

（三）注重主体信息与关联信息

以往财务会计的相关系统，都是以财务会计相关信息为基础、财富分配为用途确立的，其中最重要的就是明确会计的主体。在工业时代下，各类企业在内部开展垂直管理，主要是为了满足工业时代中企业发展的各项要求。但是随着时代的变化，市场经济形式也在经历着改革，自主知识经济时代来临后，企业的垂直结构正在转向网络化发展，而这样会导致会计主体假设失去原有的合理性。在信息时代，企业更加应该注重主体信息和关联信息，促进财务会计管理系统的完善。

（四）注重有形资源和技术资源

在传统的企业发展中，只有占有有形资源才能够实现企业的持续发展，也就是说，企业的会计系统也应该以有形资源管理为核心。但是随着我国经济的不断发展，企业的发展重点逐渐向技术方向转移，有形资源的地位不断下降，对此，企业应该建立新的会计系统，实现有形与技术这两种资源的重点管理。

（五）货币与非货币并重

以往财务会计中对于信息化方面的实际要求，可以体现出财务汇总对于企业的实际意义，也就是财务会计对于货币信息方面的具体标准。但是在实际的发展中，会计信息的计量并不仅有一种单一属性，其信息的展示也并非只有报表的形式，财务会计通过多样的变化实现货币与非货币的并重。

三、提升财务会计信息化的策略

（一）健全财务会计体系

现代企业若想强化财务会计水平，控制体系属于不可或缺的重要部分。在构建或健全财务会计体系时，最好适当参考其他企业或同行成功案例，但企业必须将自身财务会计发展现况作为前提，决不可直接将其他企业或同行的相关体系，直接复制下来进行使用，因为在不同企业之中，财务会计体系都必须根据自身水平与状况进行确定，否则就无法在财务会计工作中发挥实际效用。

（二）开设交流沟通渠道

在信息化技术日益完善的趋势下，现代企业最好在内部使用信息化设立完善系统，这样可通过财务会计信息，帮助企业有效梳理企业信息，从而在增加财务会计系统构建速度同时，增加财务会计在未来发展中的可行性。因为信息系统具备多种功能，可以提前预测财务会计管理内容，帮助企业提前确定财务会计管理可能出现哪些问题，这样企业便可在第一时间确定解决对策。此外，当企业完成信息梳理后，财务会计便可通过内部渠道进行交流沟通，这样便可避免企业出现人资浪费现象，增加人员在财务会计工作中的整体效率与水平。

综上所述，对于现代企业来说，财务会计信息可以直接反映日常业务管理情况，信息化已经成为企业以及企业会计管理未来发展的趋势，企业应该明确会计系统发展的主要方向，并通过健全财务会计体系、开设交流沟通渠道等方式，全面强化现代企业的财务会计水平，以保证企业顺应社会需求持续发展。

第三章　企业财务会计数据分析

第一节　财务会计数据加工处理与分析

一、会计数据与会计信息

数据是指从不同渠道取得的原始资料。一般来说，数据还不能作为人们判断、得出结论的可靠依据。数据包括数字数据与非数字数据。在会计工作中，从不同的来源、渠道取得的各种原始会计资料称为会计数据，比如某日仓库的进货量、金额，某日某零件的生产量等等。在会计工作中，会计数据通常反映在对外会计报表中。

会计信息与会计数据是两个紧密联系而又有着本质区别的概念。会计信息是通过会计数据的处理而产生的，会计数据也只有按照一定的要求进行加工处理，生成会计信息后才能满足管理的需要，为管理者所用。但会计数据与会计信息并没有明显的界限。有的会计资料对一些管理人员来说是会计信息，对另一些管理人员来说则需在此基础上进一步加工处理，才会成为会计信息。比如，某车间某月某部件的成本资料，对车间的管理员是会计信息。但对企业领导来说，需要的是企业的成本资料，因此该部件的车间成本资料仅是会计数据，还需进一步的处理。

二、会计数据处理

会计数据处理是指对会计数据进行加工处理，生成管理所需会计信息的过程。一般要经过采集、录入、传输、加工、存储、输出等环节。会计数据处理不仅包括为提供对外报表所进行的一系列记账、算账、报账等工作，而且还包括在此基础上为提供控制、预测、决策所需会计资料所进行的进一步的处理工作。会计数据处理是会计工作的重要内容之一，是进行其他会计工作和管理工作的基础。会计数据处理有手工处理、半手工处理、机械化处理、电子计算机处理四种处理方式，电子计算机处理是指应用电子计算机技术处理会计数据，这种处理方式是本书的主要论述对象。

三、会计数据处理的特点

（1）数据来源广泛，连续性强，数据量大，存储周期长，类型较为复杂。输入时要进行严格的审核。

（2）对要处理的会计数据的准确性要求高。

（3）信息输出频繁且信息量大，输出形式多种多样。

（4）环节较多，处理步骤定期重复进行，处理过程必须符合会计制度和政府法规要求，并方便审计。

（5）证、账、表种类繁多，要作为会计档案长期保存，并方便查找。

（6）会计数据处理的安全性，保密性要求高。

（7）数据处理对象由货币、财务、定量向货币与非货币、财务与非财务、定量与定性转化。

（8）处理的结果不仅要满足企业对外报表的需要，还应当满足其他信息需求者的要求。

四、会计数据的分析方法

数据加工是对数据进行各种计算、逻辑分析、归纳汇总使之转换为有用的信息的过程。数据加工方法因所处理的对象与所达到的目标不同而千差万别。数据处理与加工方法一般分为变换、排序、核对、合并、更新、抽出、分解、生成等八种。这八种操作是数据处理最基本的加工操作。同时，现代高级数据处理系统已经引入了各种现代的技术手段，例如采用预测技术、模拟技术、控制论、运筹学等方法对数据进行更高一级水平的加工[①]。

会计工作的目的之一是提供决策用的财务信息。而财务分析的主要目标有三个：分析公司的获得能力；分析公司的财务状况和偿债能力；分析公司筹资和投资的合理状况。

（一）财务分析的含义

财务分析，亦称财务报表分析，是运用财务报表的有关数据对企业过去的财务情况，经营成果及未来前景的一种评价。财务分析的主要内容是会计报表的分析、财务比率分析和预算分析。

不论是静态的资产负债表，还是动态的利润表和现金流量表，他们提供的有关财务状况和经营成果的信息都是历史性的描述。尽管过去的信息是进行决策的主要依据之一，但过去未必能代表现在和将来。因此，财务报表上所列示的各类项目的金额，如果孤立起来看，就是没有多大意义的。只有与其他金额相关联或相比较才能成为有意义的信息，才能供决策者使用，而这些正是财务分析所要解决的问题。

进行众多信息资料的收集、整理、加工，形成有用的分析结论，在手工会计下是难以全面展开的。而财务分析软件却做到了这一点。在财务分析软件里一般都设置了绝对数分析、定基分析、对比分析、环比分析、结构分析和趋势分析等多种专门的分析方法，提供了经营者、债权人、投资者等多角度的分段报表选择，数据资源的共享功能，并提供计划情况分析。使分析工作者能轻松地完成对会计数据的进一步加工工作，及时、迅速、准确地获取有用的信息，为决策提供正确、客观的依据。财务分析的基本原则是：趋势（动态）分析和比率（静态）分析相结合，数量（金额）分析与质量分析相结合，获得能力分析和财务状况分析相结合，分析过去与预测未来相结合。

① 徐元元，田立启，刘鹏涛等．医院会计管理 [M]. 北京：企业管理出版社，2015.

（二）财务分析的基本方法

财务分析的方法灵活多样。根据分析对象、企业实际情况和分析者的不同会采用不同的分析方法。这里仅介绍几种常用分析方法。

1. 趋势分析法

趋势分析法是根据一个企业连续数期的财务报表，比较各期的有关项目金额，以揭示当期财务状况和经营成果增减变化及其趋势的一种方法。趋势分析可以制作统计图表，以观察变化趋势，但通常用的则是编制比较财务报表的方法。趋势分析的具体方法为：

（1）比较各项目前后期的增减方向和幅度。先把前后期各项目的绝对金额进行比较，求出增或减的差额，再将所求差额除以前期绝对额，求出增或减的百分比，以说明其变化的程度。

（2）求出各项目在总体中所占的比重（百分比），例如，利润表中以销货净额为总体（100%），资产负债表中分别以资产总额和权益总额为总体（100%）。比较利润表的分析以及比较资产负债表的分析，都使用趋势分析法。

2. 比率分析法

比率分析法是在同一张财务报表的不同项目与项目之间、不同类别之间或在两张不同财务报表之间，如资产负债表和利润表的有关项目之间，用比率来反映它们的相互关系，以便从中发现企业经营管理中存在的问题，并据以评价企业的财务状况的好坏。分析财务报表所使用的比率以及对同一比率的解释和评价，随着分析资料使用者的着眼点、目标和用途不同而异。

3. 构成分析法

构成分析法是以报表或账簿上某一关键项目作为基数，计算其构成因素所占项目的百分比。

4. 比较分析法

比较分析法是通过对经济指标在数据上的比较，来揭示经济指标之间数量关系和差异的一种分析方法。主要有绝对数分析法、定基分析法、环比分析法三种形式。

第二节　财务会计数据的综合利用

在现代企业中，会计工作是一项重要的管理工作，财务部门是管理信息的主要来源之一，会计信息系统提供的信息量占企业全部信息量的70%左右，企业会计电算化系统的建立和会计核算软件的使用，使会计工作发生了质的变化，从会计凭证填制与生成、账簿登记、报表生成到内部控制都发生了深刻的变化，并产生了丰富的会计数据。这些数据如何加以综合利用，使之在企业管理、经营、分析、预测和决策中发挥更有效的作用，是企业管理者共同关心的问题，也是会计软件发展的趋势之一。计算机在会计工作中的引入，大大拓展了会计数据的利用深度和广度，减轻了会计人员的核算工作量，从而为会计数据的综合利用提供了技术保证。进行会计数据综合利用的途径有：

一、对会计软件本身提供的数据处理功能进行综合利用

商品化会计软件或者自行开发的会计软件一般都有以下几种功能：

（1）会计业务处理功能。包括会计数据输入，会计数据处理，会计数据输出。

（2）系统控制功能。包括数据完整性、可靠性控制，数据安全性控制和保留足够的审计线索。

（3）系统操作的简便性和容错性。包括系统的菜单或者对话框应该符合日常的会计核算流程，任何操作都应该有必要的提示，对误操作应该有警告和提示信息。

（4）系统的可移植性。即应满足硬件和操作系统的升级需要。如用友U8管理软件，由财务、购销存和决策三部分组成。各部分相对独立，

其功能基本能满足用户的管理需要，并且能融会贯通，有机地结合为整体应用，因而能更进一步的满足用户全面经营管理的需要。同时，该软件增加了计划、控制、分析、预测、决策功能，实现了会计软件从事后核算到对过程控制的转变，使得财务与管理的一体化。提供了应收、应付款管理，资金占用、信贷管理、成本计划、预测和核算，项目管理，费用预算控制，采购管理、库存、存货、工资以及固定资产管理等功能。并引入系统管理功能，可以进行财务分析、数据提取、自定义查询对系统内部数据资源进行综合利用，从而变静态管理为动态控制，为预测、分析、决策提供保证，实现真正的决策支持。

二、利用会计软件本身的开放接口进行二次开发

会计电算化信息系统内各子系统之间都存在着数据接口，用以传递各子系统内部之间的信息。这种数据传递通常是依据事先设计好的数据模式，通过计算机，按照模式定义，自动采集、加工、处理数据，最后生成传递的数据，并输入到系统间的数据接口或加载到另一个系统中去。然而，在实际业务中，用户对软件的使用和对信息的需求，不全是按照开发上的设计来进行的，不同的用户对数据具有不同的需求。许多会计软件提供将所有的账簿、报表数据转换成 Excel、Foxpro、SQL Server 以及文本节件等格式的功能。提供通过直接从 SQL Server 获取数据的方式[①]。这样做，一方面有利于用户进行系统的二次开发，另一方面使得会计软件更易于与第三方软件结合，充分利用信息资源。如用友 U8 管理软件可以借助系统自由表的链接与嵌入功能，在一个应用程序的文档中包含另一个应用程序创建的信息。例如，在自由表中插入 Microsoft Excel 电子表格，Word 文档支持链接与嵌入功能的程序。

① 蒋占华 . 最新管理会计学 [M]. 北京：中国财政经济出版社，2014.

三、利用财务分析模块实现数据的综合利用

财务分析是指以企业财务报表和其他资料为依据和起点，采用一定的方法，系统分析和评价企业的过去和现在的经营成果、财务状况及其变动，目的是了解过去、预测未来、提供企业集团的辅助决策信息。

财务比率是根据财政部公布的，评价单位经济效益的六大类指标体系（共 24 个基本财务指标），及其各自相对应的计算公式而形成的。目前，大多数会计软件如用友、金蝶、国强等软件中都设计了财务分析模块，对会计数据进行分析比较，提供的分析功能主要有：财务指标分析，包括变现能力比率、资产管理比率、负债比率、盈利能力比率等内容；以及标准指标分析、理想指标分析、报表多期分析，同时还具备变动百分比、结构百分比、定基百分比、历史比率分年分析、财务状况综合评价以及盈利能力、偿债能力、成长能力等指标分析。分析的结果以报表或图形的方式直观地提供给用户。有些软件中还提供了现金收支分析功能，向客户提供现金收支表、现金收支增减表，现金收支结构表等信息。

利用会计软件进行财务分析时，首先要进行一定的初始化操作，用来设定一些基本的分析项目和指标。然后，指定指标数据的分析日期，以及比较日期等时间信息，就可得到相应的分析内容。例如，利用用友会计软件进行财务比率分析时，具体分析操作过程一般包括：指标初始、指标调用、指标分析、保存和打印。

（一）财务比率初始化

财务比率指标的数据来源于企业总账系统，初始化的作用在于选定本单位需要分析的具体财务指标，以使指标分析更简洁、清楚地反映分析者的意愿。

操作时，用鼠标双击系统主界面中的指标初始，显示分析指标项目，然后选定具体需要分析的指标，单击某一指标的比率名称完成操作。

（二）分析日期与比较日期选择

在财务分析模块中，双击系统主界面中指标分析，从弹出“基本指标分析”对话框，进行分析日期与比较日期选择。分析日期可以按月、季、年进行选择；比较日期有本年年初与任一期两种选择，在系统中，可以同时选中，也可以只选其中之一。选定任一期作为比较日期，即把“选定分析日期”的指标与将要进行比较的某会计年度中某一期进行比较。例如，选择按月分析：分析日期为2003年2月，比较日期为2003年的1月。

四、利用会计软件中报表处理功能实现财务分析

虽然各会计软件公司纷纷推出财务分析模块，但由于这些模块往往仅限于对资产负债表、利润表等当年信息数据进行分析；财务分析的数据来源比较单一，计算方式有限，使财务分析工作存在较大的局限性。

利用报表处理子系统中报表格式灵活多样、数据来源多、计算方式多样，有的软件还可调用系统函数等优势，弥补分析软件在综合利用会计数据时功能的不足。

许多软件的报表功能已日趋强大，不仅能够方便直观地编制报表，而且很容易地建立一套会计数据分析和会计数据核算的模型，以及企业内部的事务管理系统，为会计管理、决策服务。前面介绍的财务分析中的指标、比率均可用报表处理软件实现，甚至利用报表功能还可进行成本分析和生产管理。

利用会计报表建立财务分析的一般操作步骤为：

（1）设计和确定一种会计数据的分析模型。

（2）进入报表系统，完成报表格式设置，指定报表标题、行列信息等内容。

（3）具体描述报表内容，定义报表项目。

（4）定义每一具体项目的公式，包括取数方式、数据来源、运算公式等信息。

（5）调用报表计算功能，生成分析报表。

（6）打印输出，查询或转出分析结果。

五、利用辅助账管理实现数据综合利用

手工会计下，会计核算方法遵循会计准则和会计制度的要求，按照一个会计核算期内初始建账时所设置的科目体系结构进行数据逐级汇总核算。若想按管理所需要的核算模式进行特殊的会计处理，在手工会计下难以实现。会计电算化后，辅助账管理功能的引入，有效地解决了上述问题。辅助账特别是“专项核算”“台账”等功能，是按照“分析核算”和“会计信息重组”的思路进行设置，即在日常所设置的会计科目结构体系进行常规会计核算的基础上，由用户根据自己管理需要，进行“任意”的组合，完成账务数据的交叉汇总、分析和统计，生成不同科目结构的会计核算数据，从而达到多角度分析会计数据的目的，如根据企业的商品、部门、人员、地区、项目等进行专项处理，则可获得有关的财务信息。

将多种辅助账簿，如专项核算和台账结合在一起，组合为专项核算台账，则可对某核算项目的信息进行多方位、即时的数据查询，再利用报表功能将辅助账信息进行重组，以表格或图形的方式提供给用户，更体现出了这一手段的强大功能。

第三节 财务会计软件中数据的获取

财务分析的对象是会计数据，如何从会计软件中获得所需的数据，以及如何从不同角度取数是进行财务分析的前提。手工会计下，会计数据存放在凭证、账簿和报表等纸介质之中，因此，获取会计数据只能靠人工摘录、抄写和复制。会计电算化后，使传统的会计数据处理方式、存储方式、输出方式发生了根本性变化，它可以根据企业管理、分析、预测、决策的各种需要，做到及时、准确地提供丰富的数据源和复杂的计算结果。

一、会计数据源分析

根据会计数据存放介质和范围的不同，可分为以下内容：

（一）手工会计数据源

各单位在开展电算化时，不可能一开始就建立完整的电算化核算系统，往往是从账务处理、会计报表子系统开始，逐渐向其他子系统扩展，因此，在电算化工作起始阶段，会计数据不能完整地从系统得到，有些数据仍需从手工账簿中获取。

（二）单机环境下的数据源

对于小型企业来讲，会计核算往往在单机中进行。大部分数据存放于本地计算机内，且数据不能共享，获取数据时，须借助软盘等磁介质。

（三）局域网环境下的数据源

越来越多的单位，逐渐建立基于局域网环境下的计算机会计信息系统。在局域网环境中，会计核算工作是在若干个工作站和网络服务器构成的局域网络环境中进行，会计数据保存在本地的网络服务器中，单位内部可实现数据资源共享。

（四）广域网环境下的数据源

随着全球以国际互联网为中心的计算机网络时代的到来，一些大型企业、集团公司、跨国公司纷纷建立广域网环境。广域网环境下，不仅能够即时提供集团公司内部的会计数据，而且还能提供丰富的外部信息，不少软件已推出了具有 Web 功能的远程查询系统，以访问不同地区的多种数据源。

（五）辅助数据源

财务分析除会计信息之外，还需要其他的辅助信息，如市场信息、金融信息、政策信息等，还需从其他管理系统中，如生产管理系统、物料管理系统、人事管理系统中获取信息。

二、从会计信息源中获取信息的途径

（一）一次输入、多次使用

会计软件的设计者充分考虑了数据的共享和重复使用，因而所有的会计数据在一次录入后，均可多次重复使用，如采购单录入后，可直接生成凭证，并转入账务处理子系统；成本费用可以在成本核算中录入，进行成本计算后再通过凭证自动生成，引入账务处理子系统，从而可为会计数据分析模块提供数据源。

（二）查询录入

查询录入是指管理者通过查询和阅读获取数据后，通过人工录入方式将相关数据存入会计管理系统的数据分析文件中。对于没有实现完整电算化的单位而言，这一方式是必不可少的[①]。例如，某单位没有使用固定资产核算模块，若要分析与固定资产有关的数据，就必须从手工账中查阅到该信息后，将其录入计算机。

（三）机内取数

运用会计软件或其他计算机应用软件所提供的取数工具，直接从存在于机内的账务、报表等模块中读取或生成所需的财务分析数据。这是获得会计数据的主要途径。

（四）利用数据库本身提供的数据转出获取数据

各种大型数据库都提供了导出功能，可以将指定的数据以指定的文件格式转出，不同的数据库的转出功能可以参照相应的数据库管理手册。有些软件中提供了“查询数据转出”功能，可以直接将查询到的数据引出，提供给财务分析模块使用。

（五）读取存于机外磁介质或光盘介质中的数据

机外磁介质和光盘介质可用来存放会计源数据和辅助数据源文件。会计软件可自动从这些介质上直接获取数据，并将其存放在财务分析模型中。这种方式适用于单机之间数据的传递。如某集团公司欲从各销售网点中获取有关销售数据，各网点独立运行单机的销售软件，这时，就要求各销售网点将装有销售数据的软盘送到总公司，由计算机完成自动读取数据的工作。

（六）网络传送

对于局域网络环境来说，财务分析系统可自动从网络服务器上直接获取数据，并将其存入财务分析模型中。例如，在局域网络环境中，不同的会计数据（如账务数据、材料核算数据、固定资产核算数据、成本核算数据等）是由不同的子系统产生的，但最终都存放在服务器上，此时，财务分析系统可自动从网络服务器上直接获取数据。

对于采用广域网络环境的单位来说，各分公司、子公司或基层单位

① 唐清安，韩平，程永敬等.网络课堂的设计与实践[M].北京：人民邮电出版社，2003.

的会计业务处理都在不同城市的计算机中完成，并存放在当地计算机或服务器中。总公司、母公司或上级单位所需的财务管理与决策数据来自下属单位，因此，各分公司、子公司或下属单位定期（1天、5天或10天）利用远程通信工具，通过调制解调器、电话线和国际互联网，就可以坐在办公室里，轻轻松松地向其上级单位报送会计数据。上级单位在收到所属单位传送的会计数据后，便可由财务分析系统自动从主网络服务器上或本地硬盘中直接获取数据。

第四节　资产减值准备与财务会计数据

随着我国经济的不断发展，企业资产减值也面临着机遇和挑战。虽然资产减值准备还处于发展的初期阶段，但是资产减值准备对会计数据的影响却是深远的。本节通过分析资产减值准备的概念，了解资产减值准备的范围，探讨资产减值准备中存在的计量上的缺陷以及监督管理不严谨等问题，提出加强监督体制改革和完善计量方面的措施，为资产减值准备提供可靠保障。

当前阶段，随着企业资产减值行为不断增多，资产减值准备也受到了社会各界的关注。企业在经营过程中，存在许多不确定性的风险，因此，在会计核算过程中，需要通过严谨的判断指出企业面临的不确定因素，对面临的风险和损失进行充分的估计，保证资产的真实性。

一、资产减值准备概述

国际会计准则对资产减值的定义是资产可以回收的资金小于其账面价值。我国会计准则以国际会计准则为基础，通过对企业资产潜在的损失和风险进行审核评估，以资产可能或已经存在的减损现象为根据，定义资产减值准备概念。

根据相关制度规定，企业需要在一定时期内对其各项资产进行检查，包括固定资产、投资资产等，对资产中可回收金额低于账面价值的计提为资产减值准备。资产减值准备范围较广泛，包括坏账准备、短期投资跌价准备、长期投资减值准备、存货跌价准备等。

综上所述，资产减值准备就是对企业资产净值减项的反映，是对企业经营状况和财务情况的一种反映，也是为了避免资产由于计量上的不真实而造成的资产虚假现象。对于企业资产减值准备，既能够解决资产价值波动问题，又能够遵守会计处理原则，对企业的发展非常重要。

二、资产减值准备对会计数据的影响

（一）更真实地反映资产价值和利润

会计要素的确认和计量缺少可靠性，导致会计信息失去真实性。长时间以来，企业资产账面价值与资产本身的价值存在一定差距，资产负债表中的资产存在不真实现象，这样企业的资产损失较多，但是坏账准备计提比例又很低，与实际的情况相违背，允许计提的坏账准备与存在的坏账准备存在较大差别，导致企业会计数据中反映的现象与实际情况不符合。部分企业的很多过时存货已经失去价值，但是报表上仍反映其成本价值。有的投资已经失去效益，甚至连成本资金都很难收回，例如投资企业已经亏空停业，投资成本损失，报表却无法显示真实的投资状况。以上现象可以通过计提资产减值准备反映企业真实的资产状况和利润情况，提高企业会计信息的可靠性。

（二）坏账准备对企业会计数据的影响

坏账准备的计提方法是根据企业自身实际情况自行制定的，坏账准备计提方法制定后不能随意更改，如果需要更改，需要在会计报表附注中写明原因。企业的坏账准备比例主要是根据经营经验、债务单位的实际财务状况等相关信息，通过科学合理计算进行估计的。坏账准备由企业自己调整计提比例，这一点有利有弊。一方面，对于会计核算正规、资产较好的企业来说，能够根据财务报告真实地反映企业的财务状况和经营成果，起到积极作用；另一方面，部分企业通过调节坏账计提比例来调整企业财务状况，通过调整计提比例来增加当期费用，减少利润，减少当期纳税。

（三）投资减值准备对会计数据的影响

首先，短期投资减值准备。会计准则中规定，企业在短期投资过程中，可以根据投资的资本与市价比较，根据实际情况通过投资比例、投资类型和单项投资进行计提跌价准备，如果其中一项短期投资的比例较大，占据整个短期投资的10%以上的，可以按照单项投资为基础计算其计提跌价准备，由于会计准则中的规定相对灵活，这就给企业的操控和选择留有了空间，部分企业根据总体、类型或单项的选择来控制利润，使得总体计提跌价损益失去可靠性。其次，长期投资减值准备。根据投资总则要求，企业需要对长期投资的账面价值进行定期和不定期的检查，至少每年检查一次。如果由于市场价值的持续下降或投资部门经营状况发生变化导致其投资项目可回收金额低于投资账面价值，可以计算可回收金额与投资账面金额之间的差额，以此来作为当期投资的损失。然而，在实际操作中，企业的部分长期投资中，有的投资有市价，有的投资没有市价，根据不同情况通过财务人员对长期投资项目经营状况进行判断而采取不同方法的资产减值准备。但是，对投资项目经营情况的判断主要根据从业人员的职业水平和主观判断[①]。从客观的角度讲，每个企业的情况不同，每个财务人员的价值观和专业水平不同，在企业结构不清晰，市场机制不完善的情况下会导致判断结果的偏差，使得部分企业利用这一漏洞操控计提资产减值准备的结果。

（四）存货跌价准备对会计数据的影响

企业进行存货跌价准备需要满足一定的条件，主要分为以下几种情况。第一，市场价格持续下降，在未来的一段时间内很难升值。第二，企业在生产产品时，使用的原材料的成本价格高于其销售价格。第三，企业产品生产不断进行生产工艺和技术的更新换代，原有的库存材料已经不能满足产品生产的需要，而该材料的市场价格又低于投资的价格。第四，企业所生产的产品因消费群体减少或消费人群喜好改变而使市场需求量减少，导致市场价格降低。第五，其他证据证明该项存货实质上

① 王伯庆.2011年中国大学生就业报告[M].北京：社会科学文献出版社，2011.

已经发生了减值的情形。当存在上述情况中的一项或几项时，应当对存货进行跌价准备。对于已经发生变质或过期的无价值存货，或者生产中不再需要，已经无法实现使用价值和转让价值的存货计提存货跌价准备。在相关准则中，由于存货跌价准备可以进行单个或分类计提，而存货计提状况判断主要由企业自行决定，这就给了企业一定的灵活性，同时也给企业会计数据准确性造成了一定的影响，给一些动机不良的企业提供了可乘之机。

（五）计提资产减值准备对会计数据的影响

计提资产减值会给会计数据带来负面影响，因为其不能体现会计数据的稳健性。在会计制度的严格要求下，资产减值准备在每个季度末能够合理地预计几项重要资产可能发生的减值准备，根据规定能够有效地减少企业资产计量缺少真实性而造成的资产夸大和利润虚增等现象，进而能够从会计信息上较真实地反映企业经营情况和财务真实状况，保证企业财务信息的真实可靠。但是，计提资产减值准备存在较大的随意性，计提过程中，很大程度上取决于会计人员的职业判断，这样一来，会计人员的主观思想在计提资产准备过程中占据主导地位，如果没有很好的控制尺度，很容易产生隐匿资产现象，使得企业经营状况和财务状况不能得到真实地披露，从而影响信息使用者的利益。

三、资产减值准备在企业会计中存在的问题

（一）计量上存在缺陷

资产减值产生的原因主要是资产账面价值大于可回收价值，其根本原因在于我国会计计量存在缺陷，计量发展存在滞后性。国际上，一般企业采用公允价值计量模式，而我国还采用传统的计量模式，没有统一的计量模式，且在计量方面的制度还不完善，不利于资产减值工作的进行，影响资产减值准备工作的准确性。

（二）财务人员素质不高

资产可回收价值是计提和确定资产减值准备过程中较为重要的依据，而在资产减值准备过程中，财务人员的判断能力和专业水平更是资产减值准备确定的关键性因素。而当前阶段，我国企业财务人员素质普遍不高，缺少专业的水平和丰富的经验，没有较好的判断能力，而且，企业部门对财务人员的监督管理松懈，没有严格的管理制度和管理措施，导致资产和利润估计不准确现象频繁发生，给资产减值准备工作发展带来困难。

（三）监管机制不完善

当前阶段，我国企业资产减值准备监管机制不完善，导致资产减值准备再确认缺少权威性。在会计审计过程中，没有合理的监督管理制度做指导，没有完善的监督管理体制发挥作用，导致会计信息存在虚假现象，在资产减值准备中难以进行准确判断，不利于企业资产减值准备的良好发展。而且，没有完善的监管机制无法实现工作人员行为规范，很难推动企业资产减值的进一步发展。

四、解决资产减值准备问题的对策

（一）统一计量模式

由于计量模式的不统一，导致标准多、规则多，难以控制和掌握，因此，可以参考国际会计准则的资产减值计量标准，通过对中国国情的研究和我国当前企业发展现状，制定适合我国的独立的资产减值准则。此外，在建立统一计量模式的同时，需要对现金流量净现值进行计算，估计现金流出量、流入量以及贴现率和使用期限等，这就对我国财务人员的专业水平和能力提出了更高的要求。

（二）提高财务人员的专业素质

科学合理的业绩考核制度能够帮助企业更好地管理资产，也是提升企业影响力的重要手段。所以，完善企业业绩考核制度不仅是提高财务人员专业水平的有效措施，更是加强企业内部管理的重要手段。通过建立考核制度，提高财务人员的职业道德素质和专业能力，建立物质、精神奖励，提升工作人员工作热情。同时，减少操纵利润、虚增企业资产的不良行为，打造健康的企业内部、外部环境。提高财务人员的能力，使其适应当前经济发展形势，在资产减值准备中拥有更精准的判断力，保证资产减值信息的真实可靠。

（三）完善监管机制

首先，良好的监督管理是企业资产减值准确性的有效保证，更是企业资产减值准备有效性的重要保障。通过建立严格的监督管理体制，加强对企业资产减值定期和不定期的审计与监督。通过单独审计加强资产减值准备计提的可靠性，与此同时，严格规范财务人员的工作行为和规范，在工作过程中进行监督管理，进而不断推动我国企业资产减值准备工作的发展。其次，完善的市场机制能够增强财务人员对资产减值准备的可操控性，为资产减值准备提供可靠性保障。因为目前我国的市场体系不够完善，会计信息存在不真实、虚假现象。通过完善市场机制，能够保障会计信息的真实性，为企业计提资产减值准备提供真实可靠的数据信息，为推动资产减值准备发展奠定基础。

综上所述，企业资产减值准备是对一个企业经营成果、财务状况的真实反映，当前社会经济发展过程中，企业资产管理是必不可少的一部分。资产减值准备包括很多部分，通过每个部分对企业的整体财务现象反映出来，其中资产减值准备对会计数据产生一定的影响，包括正面影响和负面影响。我国资产减值准备要想全面发展，需要在发挥其积极作用的同时，减少其消极影响。

第五节 大数据与财务会计核算

随着云时代的到来，大数据在更多的行业受到了关注，大数据和云计算技术具有对数据快速处理和分析等优势，为互联网时代对各行各业的发展提供了良好的发展环境。会计核算与纳税筹划是一门对数据分析和处理要求高的工作，引入大数据财务运算技术，使会计核算工作的数据处理效率和质量提高。一般情况下，大数据的财务运算技术主要以云计算为依托，通过复式记账的方法来对财务进行处理，现阶段企业的财务数据信息主要建立在云服务器的数据库上。

大数据的发展对会计核算行业也有着重要的影响，数据的总体性要求原则、会计信息质量要求原则上发生了改变，改变了以往传统的会计核算模式，通过先进的计算机技术使会计核算的工作变得简单化、智能化和高效化。由于大数据本身的一些缺陷使其与会计核算工作具有冲突，因而完全改变传统的会计核算工作也会带来多方面的影响。

一、大数据的定义

大数据是随着互联网技术的发展而出现的新名词，它是指数据的规模巨大且利用现行的软件无间无法在一定时间内完成数据抓取、处理、分析和转化的有用数据集合。大数据是一个较为广泛的概念，它的应用范围也较为广阔，对于企业的发展具有推动的作用。当前大数据主要涵盖两种或两种以上的数据形式，用于使用大数据进行数据分析的同时，能够从中寻找到自己想要的信息或内容，一些企业还能够通过大数据对用户的行为习惯和特点进行分析，并将分析报告作为企业下一阶段产品设计、生产以及广告投放的基础。通过大数据可以调查用户对某一产品的兴趣度，如可以分析用户的年龄、性别以及喜好、建议等，可作为市场调查的有力依据。大数据是能够高效率、低成本的收集不同容量和频率的新一代处理技术，因而具有成本的优势。

二、大数据对会计核算的影响分析

（一）会计核算数据的真实性受到影响

大数据首先对会计核算工作中数据的真实性带来影响，其中大数据包含的数据极多且种类和渠道是多样化的，而在会计核算工作的开展中，大数据通过自身快速的数据分析能力和处理能力，能够提升核算工作的效率，节省更多的时间。在传统的会计核算工作中，会计人员如果不能够很快地对海量的信息数据进行辨别，就会使会计的工作效率大大降低。在实践的过程中，会计人员的信息核算不能简单地用主管的思想对数据内容进行判断，而应建立在一定的理论和数据模型分析的基础上。

（二）改变了投资方的投资视角

大数据的应用中　，会计的质量要求虽然能够在很大程度上满足企业的发展需要，但是现代的企业在寻找投资者时，会关注企业内部存在的风险，因此对企业的财务报表会详细地了解。而企业将财务报表制作的科学合理且符合企业的发展实际，使投资方看到企业的潜力和发展实力，则会带来更多的投资和关注。大数据的分析和应用使投资方能够看到企业一方内部经营的状况，从而实现数据的发展和应用。

（三）有利于企业的风险评估

大数据技术的应用能够使企业关注自身在市场竞争中的地位和形象，了解自身的发展概况，从而能够深入到企业的发展规划中对企业将面对的风险进行评估，财务人员使企业能够在信息全球化的形势下立足。风险评估是企业未来发展规划中应预测的内容，企业根据自身的发展经历和发展现状，并考察外部的市场环境和趋势，对企业未来的发展态势和前景进行评估，而这些主要是通过大数据来实现。

（四）提高财务信息的整理和传送效率

企业会计工作应准确和及时的完成，在企业的交易结束以后，会计人员需要对财务信息进行整合与传送。设计人员先将信息传送到财务人员的位置，财务人员使这些信息能够很好地传送到指定的位置。企业在大数据的影响下才能够及时地了解到相关数据内容，并确保了数据的时效性，提高财务信息的整理效率，让财务信息更加清晰有序。

（五）企业会计信息对外更易理解

由于工作的原因，企业的会计信息有时需要对外进行展示，传统的会计信息展示方法非专业的人士较难看懂①。而经过大数据计算分析以后的会计核算的信息，用户能够快速地浏览到其中的重点和精华，可以快速地寻找到自己想要了解的信息和知识，使会计信息的内容更容易被人所理解。

（六）市场化效果强

会计核算工作在以往的发展中，由于其形式是静态的，所以很难适应日益变化的互联网市场竞争。大数据技术的应用使得会计的核算工作以及效果呈现可以转移到手机终端或 PC 终端等，用户能够观测动态的内容，并能够随时对其中的内容进行查阅和了解，使得会计核算工作的市场化程度加深。

（七）加速企业的资金周转

大数据技术的应用依托于互联网技术，而互联网技术的第三方支付平台让资金的流动速度增加。当前企业的资金实际流动状况，可以通过大数据的报告体现出来，企业的财务报告可以将分析的数据结果展现在投资方面前。依托于互联网的多种技术周转和应用，加快了企业资金的

① 许尔忠等 . 走向应用型 [M]. 武汉：武汉大学出版社，2015.

运转和利用率。

（八）会计核算数据的精准性降低

大数据的出现使传统会计核算工作中的弊端被消除，改变了传统的会计核算模式，改善了数据真实性的问题。大数据的应用使得会计行业的精准性受到影响，会计核算的特点是高度的精准，而大数据无法保证这一要求的实现。现代企业人员与会计人员对数据的关注不仅仅是精准，还包括时效性。会计人员通过收集到的数据信息，能够及时的进行预测，再通过信息的分析能够使未来企业的发展受到影响。大数据中多样的信息给人们带来有利的一面高于有弊的一面，所以信息的精准度要求会有所降低，使得会计的核算工作处于矛盾的状态。大数据时代的到来，会计信息化发展中非结构信息受到更多人的关注，以前会计人员没有利用和分析到的数据信息，成为限制企业发展的重要内容。因此会计人员应重新找寻工作模式，将企业中的非结构化数据进行大量收集，并利用计算机技术对其进行理解和分析，从而更好为企业所服务。

三、大数据时代会计核算行业的发展趋势

大数据的发展和应用对会计核算工作带来的影响是有利有弊的，但是其也具有自身的优点，在实际的会计核算工作中，大数据的应用应在满足用户服务的基础上实现。企业的会计人员应不断提升自身的综合素养，学会利用计算机技术来开展会计核算工作，将会计核算工作的内容水平不断地提升，提升财务数据整理和传输的效率，使自身的技能不断丰富完善，以便应对大数据时代的到来，迎合时代的发展潮流，为企业创造更多的经济价值。

云技术的应用与发展，使互联网大数据平台与我们的生活息息相关，企业通过大数据的应用能够为企业自身的发展服务，帮助企业在激烈的市场竞争中找到立足之地，顺应时代的发展潮流。会计核算对数据的精

准度以及真实性要求高，大数据在这一方面具有一定的模糊性，使其不能完全取代传统的会计核算模式，但是其自身的优势可以为会计核算工作所用，如财务数据信息的整理与传送等，帮助会计工作者提升工作的效率，这也需要会计人员与时俱进，不断提升自身的能力素质和水平，从而更好地应对时代发展的潮流。

第六节　数据挖掘与财务会计管理

随着计算机技术的飞速发展，会计管理也逐步实现了计算机化，计算机进行会计管理的过程中会产生大量的数据，而这些数据含有很宝贵的潜在价值，值得去进行分析。而要对这些大数据进行分析，光依赖人工是无法实现的，因此，基于数据挖掘技术的汇集管理与数据分析便应运而生。本节在介绍数据挖掘技术的基础上，阐述了其在会计管理与分析中的应用研究。

数据挖掘就是指从超大量的计算机数据中寻找和分析对企业有潜在价值的数据信息的步骤，该过程可以为企业的生产、经营、管理和风险评估带来巨大的价值，大大提高企业的管理水平和风险防御能力。因此，数据挖掘技术被广泛应用于企业管理、生产制造、政府管理、国家安全防御等各行各业中。据某调查数据显示大约有 30% 的数据挖掘技术被应用于会计管理领域中，32% 的数据挖掘技术被应用于金融分析与管理领域，用在信息系统和市场领域分别占 29% 和 9%，该数据显示数据挖掘已经广泛应用于会计管理中，其可以帮助企业分析和挖掘出更多潜在的客户、供货商、潜在产品市场以及内部管理的优化数据等等，这些都将为企业提供更优化的管理依据和运营模式，以提高企业的综合实力，增强其在市场中的竞争力。

一、数据挖掘技术概述

（一）数据挖掘的基本定义

数据挖掘是通过某种算法对计算机系统中已经生成的大批量数据中进行分析和挖掘，进而得到所需的有价值的信息或者寻求某种发展趋势和模式的过程，数据挖掘是将现代统计学、计算机算法、离散数学、信息处理系统、机器学习、人工智能、数据库管理和决策理论等多学科的知识交叉在一起所形成的。它可以有效地从海量的、繁杂的、毫无规律的实际应用数据中，分析得到潜在的有价值的数据信息，以供企业使用，帮助其改善管理流程，并为管理者做判断时提供有价值的参考。决策树算法、聚类分析算法、蚁群算法、关联分析算法、序列模式分析算法、遗传算法、神经网络算法等都是数据挖掘技术中常用的算法，可以大大提高数据挖掘的效率和质量。

（二）数据挖掘的基本流程

SEMMA 方法是目前最受欢迎的一种数据挖掘方法，由 SAS 研究所提出。它主要包括数据样本采集、大数据搜索、数据调整、模型建立和挖掘结果评价五个数据挖掘步骤。

数据样本采集过程是在数据挖掘之前进行的数据储备过程，该过程一般是先根据预先设定的数据挖掘目的，选定要进行挖掘的现有数据库。采集过程主要是通过建立一个或多个数据表来实现的。所采集的样本数据不仅要足够多，以使得这些数据尽可能涵盖所有可能有价值的潜在信息，还要保持在一定的数量级下，以防止计算机无法处理或者处理很慢。大数据搜索过程主要是对上一阶段所采集的大样本数据进行初步分析的过程，通过对这些海量数据进行初步分析以发现隐藏在数据中潜在价值，从而帮助调整数据挖掘的方向和目标。数据调整过程主要是对前面两个过程所得到基本信息进行进一步的筛选和修改，使其更加有效，方便后续进行建模处理，提高所建数学模型的精度。模型建立过程主要是通过决策树分析、聚类分析、蚁群算法、关联分析、序列模式分析、遗传算法分析、神经网络等分析工具来建立模型，从采集的海量样本数据中寻找那些能够对预测结果进行可靠预测的模型。挖掘结果评价过程主要是对从数据挖掘过程中发现的信息的实用性和可靠性进行评估。

二、数据挖掘在管理会计中的运用

随着市场经济的发展，企业所面临的竞争压力越来越大，因此，企业管理者要赢得这场激烈的市场竞争，就必须及时准确地掌握企业运行动态、市场趋势、产品发展趋势等关键决策信息。如何有效地、准确地发现这些关键数据已经成为制胜的关键，涉及会计管理庞大的数据量，必须分析这些海量的数据，从而可以获取潜在的有价值的信息，必须使用数据挖掘技术来分析关键的决策信息，以帮助企业加强成本管理，提高产品质量和服务质量，提高商品的市销率等[①]。

（一）作业成本及价值链的数据挖掘

运营成本精确控制可以帮助企业来精确计算企业的运营成本，使企业资源得到最合理的配置和使用，但精确的成本控制是非常复杂的，在完成过程中需要花费大量的时间和精力，难度非常大。数据挖掘技术的回归分析、分类分析和管理会计主管人员的其他方法，可以释放从大量的数据，并且可以自动通过计算机数据挖掘系统获得精确的工作成本。同时，也可以对运营成本与价值链之间的关系进行分析，判断增值作业和非增值作业，持续改进和优化企业的价值链。帮助企业降低运营成本，提高盈利能力。

（二）资金趋势的数据挖掘

会计经理经常需要现金流的趋势来预测未来的业务方向，以帮助制定下一财年的资本预算。但预测是基于历史数据和大量相应的预测模型的。而其是非常难以获得的。为了克服这个问题，可以充分利用数据挖掘技术，它可以自动提取大量的数据在根据预先设定的规则所要求的预测信息范围内，并通过趋势分析、时间序列分析、神经网络分析、聚类分析、情报分析方法，在建立如成本、资金、销售预测等数学模型来预测的运营指标的准确和高效的企业的基础上，为未来的决策做指导和参考。

① 宋丽群．财务管理 [M]. 北京：北京大学出版社，2011.

（三）投资决策数据挖掘

现有的投资决策分析涉及复杂的因素，如财务报表、运营数据、资本流动、外部市场环境、宏观经济环境，这是一个非常复杂的过程，它需要智能工具和模型。数据挖掘技术，提供了一个非常有效的投资决策的分析工具，它可以在直接分析数据的基础上，从公司的财务、外部市场环境、宏观经济环境和企业产品数据的依赖等因素着手，在海量数据中挖掘有用的信息和有关决策确保投资决策的准确性和有效性。

（四）顾客关系管理数据挖掘

良好的客户关系管理模式对大公司来说是非常重要的，这样可以大大提高企业的竞争力。它是基于客户关系管理模型并通过数据挖掘优化潜在的客户关系管理模型，从现有的大规模的客户关系管理数据进行分析。首先对客户群体进行分类，然后利用聚类分析工具对数据挖掘技术进行分类来发现客户群体行为的规律，使客户群体得到差异化的服务；深入分析客户的潜在价值，一般来说，我们可以从客户数据和客户行为中挖掘出来客户的需要和偏好等因素，而这些因素都是通过动态的跟踪和监控得到，并根据产品的特点提供个性化的服务，从而建立长期的客户合作关系，提高客户的忠诚度。

（五）财务风险数据挖掘

企业要健康长远地发展，必须要加强对金融风险评估和分析警告。风险评估难度大、周期长的传统模式，难以满足企业的实际需求。在此基础上，会计师可以通过建立企业财务危机模式的企业破产预测、盈利预测、投资预测，并利用数据挖掘工具共享的效率和准确性进行财务风险的预测和企业的综合评估，并进一步进行其他方面的预测分析。通过建立这些完美的预测模型，可以极大地提高企业管理人员的综合素质，让他们及时了解运营风险、财务风险、投资风险。

在会计管理信息化的过程中会产生大量的数据，这些数据都是企业巨大的潜在财富和价值，要充分利用好这个潜在财富价值，就必须找到相应的有利的工具。而数据挖掘技术则可以高效地从这些海量的数据中挖掘出对企业有价值的潜在信息，为管理者的各项决策和控制提供可靠的依据，因此，会计管理人员要加强对数据挖掘技术的学习和应用，为企业的发展注入新的活力。

第四章　会计信息化与财务会计信息化

第一节　信息技术对会计的影响

信息技术的进步和应用的普及，对人类社会产生了极大的影响，也在不断地推进管理科学的发展。计算机技术在会计工作中已经得到了普遍应用，手工会计系统已经被计算机会计信息系统所取代。信息技术与新的管理思想和管理方法相结合，打破了传统的管理规则，创造出许多新的组织结构形式和管理方式，特别是网络环境为企业提供了尝试多种形式管理的空间。而这一切也必然对会计学科和会计实务工作产生深远的影响。

一、对会计学科的影响

我国著名的已故会计学家杨纪琬先生曾预言："在 IT 环境下，会计学作为一门独立的学科将逐步向边缘学科转化。会计学作为管理学的分支，其内容将不断地扩大、延伸，其独立性相对地缩小，而更体现出它与其他经济管理学科相互依赖、相互渗透、相互支持、相互影响、相互制约的关系。"

二、对会计理论的影响

信息技术的应用对会计理论产生了深远的影响。

（一）对会计目标的影响

会计目标是会计理论体系的基础，会计目标主要体现在向谁提供信息，应该提供哪方面的信息或提供哪些信息等问题。传统会计将会计信息的使用者作为一个整体，提供通用的会计报表来满足他们对信息的需求。在网络经济时代，会计信息的需求者与会计信息的提供者可以利用网络实时双向交流。例如，财会人员在了解了企业管理层的决策模型之后，可以针对其需要，向其提供专门的财务报告和相关信息。因此，信息技术可以使会计能够提供适用于不同决策模型的含有不同内容的专用财务报告。

（二）对会计假设的影响

会计假设是会计核算的基本前提，是商品经济活动条件下进行会计活动的基本环境和先决条件。传统财务会计以会计主体、持续经营、会计分期和货币计量四项基本假设为基础，而基于网络的会计由于其特殊性往往可以不受这四项基本假设的束缚。

（1）对会计主体假设的影响。在网络经济环境下，企业可以借助网络进行短期联合或重组，形成虚拟企业，从而导致会计主体具有可变性，使得会计主体认定产生困难，会计核算空间处于一种模糊状态，虚拟经济的出现对传统会计主体假设是一种挑战。

（2）对持续经营假设的影响。在网络经济时代，企业可以根据需要借助网络联合起来完成一个项目，当项目完成之后，这种联合随之解散。这种临时性的网络企业在网络经济时代将十分普遍，企业持续经营的前提对他们不再适用。

（3）对会计分期假设的影响。会计分期的目的是为了分阶段地提供会计信息，满足企业内部和外部管理或决策的需要。限于处理能力，会计期间分为年度、季度和月份。在网络经济时代，通过网络，企业内外部会计信息的需求者可以动态地得到企业实时的财务信息，在这种情况下，会计分期已从年、季、月缩短为日甚至到实时。ERP 环境下的会计已经实现了这一点。

（4）对货币计量假设的影响。在网络经济时代，连接各国的信息网络使全球形成统一的大市场，经济活动的国内与国外的界限变得模糊起来。同时，国际贸易的飞速发展使得企业交易币种多而且币值变动大，这些都对货币计量假设提出了挑战。在网络环境下，完全可能出现一种全球一致的电子货币计量单位，用以准确地反映企业的经营状况。

（三）对会计要素的影响

传统财务会计将会计要素划分成反映财务状况的会计要素（资产、负债、所有者权益）和反映经营成果的会计要素（收入、费用、利润）。随着信息技术的发展和应用，数据处理的速度会越来越快，会计要素的划分可以更加细密有层次，以便更加准确地反映企业资金的运动状况。

三、对会计实务的影响

信息技术的应用对会计工作实务产生了深远影响。

（一）对会计数据采集的影响

面向供应链的管理理念与信息技术相结合，改变了传统会计数据的采集—核算—披露流程的处理方式。所谓供应链管理是指通过加强供应链中各活动和各实体间的信息交流与协调，增大物流和资金流的流量和流速，使其畅通并保持供需平衡。企业内部网通过防火墙，一方面使企业与未授权的外部访问者隔离，另一方面允许内部授权的活动延伸到企业外部，与关联企业如供应商、经销商、客户和银行之间形成范围更广的网络应用系统。这个网络应用系统人们称之为企业外部网。在这种情况下，不仅是企业内部，即使外部的经济活动发生端的数据采集，也不再需要大量的财会人员根据原始凭证录入，系统的实时处理功能使数据的采集伴随网上交易、结算活动及物资与价值的流动同时完成，实现会计数据的实时采集。

（二）对财务报告的影响

当前的财务报告有很多局限，无法反映非货币化会计信息，无法反映企业发生的特殊经济业务，如衍生金融工具等。在信息技术环境下，财务报告会突破上述限制，拓宽信息披露的范围，不仅提供财务信息，还会提供非财务信息，如风险信息、不确定信息、前瞻性信息、创新金融工作信息、企业管理信息等。充分揭示企业现金流量的变化、财务状况的变动趋势，全面反映企业的经营状况，满足不同信息使用者的要求。

四、对会计职能的影响

（一）会计工作组织体制发生变化

在手工会计中，会计工作组织体制以会计实务的不同性质为主要依据。一般来说，手工会计中划分为如下专业组:材料组、成本组、工资组、资金组、综合组，它们之间通过信息资料传递交换、建立联系，相互稽核牵制,使会计工作正常运行。其操作方式是对数据分散收集、分散处理、重复记录。

会计信息化后，会计工作的组织体制以数据的不同形式作为主要依据。一般划分为数据收集组、凭证编码组、数据处理组、信息分析组、系统维护组等。这些组的操作方式是集中收集、统一处理、数据共享，使会计信息的提取、应用更适应现代化管理要求。

（二）会计人员素质发生变化

会计人员不仅要具有会计、管理和决策方面的知识，还应具有较强的计算机应用能力，能利用信息技术实现对信息系统及其资源的分析和评价。

（三）会计职能发生变化

会计职能是会计目标的具体化，会计的基本职能是反映和控制。信息技术对会计的两大基本职能将产生重大的影响。

从会计反映职能上看，在信息技术条件下，由于计算机处理环境的网络化和电子交易形式的出现，建立基于计算机网络的会计信息处理系统已成为必然。在这种会计信息处理系统中，企业发生的各种经济业务都能自动地从企业的内部和外部采集相关的会计核算资料，进行实时反映。

从会计控制职能上看，由于会计信息系统实现了实时自动处理，因此，会计的监督和参与经营决策的职能将显得更为重要。会计监督职能主要包括监督自动处理系统的过程和结果，监督国家财经法规和会计制度的执行情况，通过网络对企业经济活动进行远程和实时监控。会计参与经营决策的职能主要通过建立一个完善的、功能强大的预测决策支持系统来实现。

（四）会计观念需要创新

现在的社会经济环境、企业组织方式、企业规模等已经发生了重大变化，会计行业对如何提供信息需要有更加创新的视角。

企业除了追求营业利润，更多的是要关注自身产品的市场占有率、人力资源的开发和使用情况，以及保持良好的社会形象。同时，知识经济拓展了企业经济资源的范围，使企业资源趋于多元化。人力资源将成为资产的重要组成部分，并为企业所拥有和控制，为企业提供未来经济效益。因此，会计工作必须树立增值观念，将增值作为企业经营的主要目的，定期编制增值表，反映企业增值的情况及其在企业内外各受益主体之间的分配情况。而资产应包括人力资产和物力资产两个部分。

在信息时代，信息传播、处理和反馈的速度大大加快，产品生命周期不断缩短，市场竞争日趋激烈，企业的经营风险明显加大，因此，会计工作还要树立风险观念。会计工作既是一种生成信息、供应信息的工作，也是一种利用信息参与管理的工作。企业管理的信息化也对财会人员提出了更高的要求，一个大企业如何进行会计核算，如何推进会计及企业管理的信息化，如何利用信息化的手段提高企业的市场竞争力、实现管理创新，正成为财会人员面临的新挑战。

五、对会计信息系统的影响

目前，国内建立的会计信息系统基本上都用于处理已发生的会计业务，反映和提供已完成的经营活动的信息。然而，现代经济活动的复杂性、多样性和瞬间性，对管理者提出了更高的要求。每一个管理者都需要依靠科学预测来做出决策，而管理者的决策方式已从经验决策方式转向科学决策方式，应加强智能型会计决策支持系统的开发与应用，会计决策支持系统是通过综合应用运筹学、管理学、会计学、数据库技术、人工智能、系统论和决策理论等多门学科构建的。

信息技术的飞速发展，会计信息系统将向模拟人的智力方向发展。系统将会有听觉、视觉、触觉等功能，能模拟人的思维推理能力，具有思考、推理和自动适应环境变化的功能。专用会计信息系统将向通用会计信息系统发展，会计信息系统将是一个基于网络的信息系统。因此，企业集团可以利用数据库与网络，建立跨会计主体和跨地域的集团内部会计信息系统，实现“数据大集中、管理大集权”的目标，与会计工作方法的创新相适应。

第二节　会计信息化概述

一、会计电算化

（一）会计电算化的概念

会计旨在提高企业和各单位活动的经济效益，加强经济管理而建立的一个以提供财务信息为主的经济信息系统。过去，人们利用纸、笔、算盘等工具开展会计工作，随着科学技术的发展，人们开始利用电子计算机来开展会计工作，形成了会计工作的电算化。

会计电算化，是“电子计算机在会计中的应用”的简称。“会计电算化”一词是于1981年8月财政部和中国会计学会在长春市召开的“财务、会计、成本应用电子计算机专题讨论会”上正式提出的。国内有的人又将会计电算化称为“电算化会计”“计算机会计”，国外有人称为“电算化会计信息系统”。

会计电算化的含义有狭义和广义之分。狭义的会计电算化是指以电子计算机为主体的电子信息技术在会计工作中的应用；广义的会计电算化是指与实现电算化有关的所有工作，包括会计软件的开发与应用、会计软件市场的培育与发展、会计电算化人才的培训、会计电算化的宏观规划和管理、会计电算化制度建设等。

（二）会计电算化的特征

与手工会计工作相比，会计电算化具有以下特征：

1. 人机结合

在会计电算化方式下，会计人员填制电子会计凭证并审核后，执行

“记账”功能，计算机根据程序和指令，在极短的时间内自动完成会计数据的分类、汇总、计算、传递及报告等工作。

2. 会计核算自动化、集中化

在会计电算化方式下，试算平衡、登记账簿等以往依靠人工完成的工作，都由计算机自动完成，大大减轻了会计人员的工作负担，提高了工作效率。计算机网络在会计电算化中的广泛应用，使得企业能将分散的数据统一汇总到会计软件中进行集中处理，既提高了数据汇总的速度，又增强了企业集中管控的能力。

3. 数据处理及时准确

利用计算机处理会计数据，可以在较短的时间内完成会计数据的分类、汇总、计算、传递和报告等工作，使会计处理流程更为简便，核算结果更为精确。此外，在会计电算化方式下，会计软件运用适当的处理程序和逻辑控制，能够避免在手工处理方式下出现的一些错误。以“记账”处理为例，记账是计算机自动将记账凭证文件中的数据登记到总账、明细账、日记账等相关账户上，账户的数据都来源于记账凭证文件，数据来源是唯一的，记账只是“数据搬家”，记账过程中不会出现数据转抄错误，因此会计电算化方式下不需要进行账证、账账核对。

4. 内部控制多样化

在会计电算化方式下，与会计工作相关的内部控制制度也将发生明显的变化，内部控制由过去的纯粹人工控制发展成为人工与计算机相结合的控制形式。内部控制的内容更加丰富、范围更加广泛、要求更加明确、实施更加有效。

（三）会计电算化的产生和发展

1. 会计电算化的产生

1954 年，美国通用电气公司运用计算机进行工资数据的计算处理，揭开了人类利用计算机进行会计数据处理的序幕。我国 1979 年首次在长春第一汽车制造厂进行计算机在会计的应用试点工作。

2. 会计电算化的发展

依据划分标准不同，会计电算化的发展阶段亦不相同。本书以会计软件的发展应用为参照，介绍会计电算化的发展过程。

（1）模拟手工记账的探索起步阶段。我国的会计电算化是从 20 世纪 80 年代起步的，当时的会计电算化工作主要处于实验试点和理论研究阶段，这一阶段的主要内容是利用计算机代替手工处理大量数据，实质是将电子计算机作为一个高级的计算工具用于会计领域。

此阶段主要是实现会计核算电算化，是会计电算化的初级阶段。利用计算机模拟手工记账，不仅模拟手工环境的会计循环，而且模拟手工环境的数据输出形式，利用计算机完成单项会计核算任务，缺乏信息共享。

（2）与其他业务结合的推广发展阶段。进入 20 世纪 90 年代后，企业开始将单项会计核算业务整合、扩展为全面电算化。引入了更多的会计核算子系统，形成了一套完整的会计核算软件系统，包括账务处理子系统、报表处理子系统、往来管理子系统、工资核算子系统、固定资产核算子系统、材料核算子系统、成本核算子系统、销售核算子系统等。企业积极对传统会计组织和业务处理流程重新调整，实现企业内部以会计核算系统为核心的信息集成化，在企业组织内部实现会计信息和业务信息的一体化，并在两者之间实现无缝联合。

（3）引入会计专业判断的渗透融合阶段。我国顺应新形式的要求，于 2006 年 2 月建立了与国际准则趋同的企业会计准则体系，该体系引入了会计专业判断的要求。同时，新准则审慎引入了公允价值等计量基础，对会计电算化工作提出了新的要求。企业和会计软件开发商紧密围绕会计准则和会计制度，通过与会计电算化工作的不断调整、渗透和融合，逐步完成从单机应用向局域网应用的转变，尝试建立以会计电算化为核心的管理信息系统。

此阶段是会计电算化发展的高级阶段，目的是实现会计管理的电算化。这一阶段是在会计核算电算化的基础上，结合其他数据和信息，借助于决策支持系统的理论和方法，帮助决策者制定科学的决策方案。

（4）与内控相结合建立 ERP 系统的集成管理阶段。2008 年 5 月，财政部、审计署、银监会、证监会、保监会、国资委等六部委联合发布了《企业内部控制基本规范》，这标志着我国企业内部控制规范建设取得了更大突破和阶段性成果，是我国企业内部控制建设的一个重要里程碑。内部控制分为内部会计控制和内部管理控制。内部会计控制是指单位为了提高会计信息质量，保护资产的安全完整，确保有关法律法规和规章制度的贯彻执行而制定和实施的一系列控制方法、措施和程序。

随着现代企业制度的建立和内部管理的现代化，单纯依靠会计控制已难以应对企业面对的内、外部风险，会计控制必须向全面控制发展，传统的会计软件已不能完全满足单位会计信息化的要求，逐步向与流程管理相结合的 ERP 方向发展。

与内控相结合的 ERP 系统的集成管理，实现了会计管理和会计工作的信息化。目前这一阶段尚在进行中，但已经取得了令人瞩目的成果。有的大型企业已经利用与内控相结合的 ERP 系统，成功地将全部报表编制工作集中到总部。

二、会计信息化

从会计电算化的发展过程可以看出，会计软件的功能越来越强大，由最初的核算功能向管理功能、决策功能发展，会计处理上实现了财务业务一体化处理，进而实现了与内部控制的高度融合，工作重点由会计核算转向会计管理；会计工作的物质载体也由当初的电子计算机发展到计算机和网络通信为代表的信息技术，伴随着电子商务的飞速发展，会计的一些方法技术也随之发生了变化。这些变化的内容都超出了当初会计电算化的内涵，而与当今信息化环境紧密相关。1999 年 4 月，在深圳召开的“会计信息化理论专家座谈会”上，与会专家提出了“会计信息化”的概念。国家重视会计信息化建设，2009 年 4 月 12 日，财政部以财会〔2009〕6 号文件形式印发了《财政部关于全面推进我国会计信息化工作的指导意见》；2013 年 12 月 6 日，财政部以财会〔2013〕20 号文件形式印发了《企业会计信息化工作规范》。相关文件提出了要促进会计信息化建设，并对企业开展会计信息化作出了具体规定。

会计信息化，是指企业利用计算机、网络通信等现代信息技术手段开展会计核算，以及利用上述技术手段将会计核算与其他经营管理活动有机结合的过程。

三、会计信息系统

（一）会计信息系统的概念

会计信息系统 (Accounting Information System，AIS) 是指利用信息技术对会计数据进行采集、存储和处理，完成会计核算任务，并提供会计管理、分析与决策相关会计信息的系统。

（二）会计信息系统的构成要素

会计信息系统是一个人机结合的系统，该系统由人员、计算机硬件、计算机软件和会计规范等基本要素组成。

1. 计算机硬件

计算机硬件是指进行会计数据输入、处理、存储及输出的各种电子设备。如输入设备有键盘、鼠标、光电扫描仪、条形码扫描仪、POS 机、语音输入设备等；处理设备有计算机主机；存储设备包括内存储器和外存储器，其中内存储器包括随机存储器和只读存储器，外存储器包括硬盘、U 盘、光盘等；输出设备有显示器、打印机等。网卡、网线、数据交换机等电子设备也属于计算机硬件范围。

2. 计算机软件

计算机软件是指系统软件和应用软件。系统软件是用来控制计算机运行，管理计算机的各种资源，并为应用软件的运行提供支持和服务的软件。系统软件是计算机系统必备的软件，如 Windows 操作系统、数据库管理系统，是保证会计信息系统正常运行的基础软件；应用软件是在硬件和系统软件支持下，为解决各类具体应用问题而编制的软件，如 Microsoft Office 软件、会计软件等。会计软件是专门用于会计核算与会计管理的软件，没有会计软件就不能称之为会计信息系统。

3. 人员

人员是指会计信息系统的使用人员和管理人员。包括会计主管、系统开发人员、系统维护人员、软件操作员等。人员是会计信息系统中的一个重要因素，如果没有一支高水平、高素质的会计人员和系统管理人员，硬件、系统软件、会计软件再好，整个系统也难以稳定、正常地运行。

4. 会计规范

会计规范是指保证会计信息系统正常运行的各种法律、法规及单位规章制度。如《中华人民共和国会计法》《企业会计准则》及单位内部制定的硬件管理制度、内部控制制度等。

四、会计软件

（一）会计软件的概念

会计软件，是指企业使用的，专门用于会计核算、财务管理的计算机软件、软件系统或者其功能模块，包括一组指挥计算机进行会计核算与管理工作的程序、存储数据以及有关资料。例如，会计软件中的总账模块，不仅包括指挥计算机进行账务处理的程序、基本数据（如会计科目、凭证等），而且也包括软件使用手册等有关技术资料。

（二）会计软件的功能

（1）为会计核算、财务管理直接采集数据。

（2）生成会计凭证、账簿、报表等会计资料。

（3）对会计资料进行转换、输出、分析、利用。

对会计软件的详细解释，可参阅“第二章 企业会计信息化工作规范”

中会计软件部分的内容。

（三）会计软件的分类

1. 按适用范围分类

按适用范围，会计软件分为通用会计软件和专用会计软件。通用会计软件是指软件公司为会计工作而专门设计开发，并以产品形式投入市场的应用软件。专用会计软件是指专门满足某一单位使用的会计软件。

2. 按会计信息共享程度分类

按会计信息共享程度，会计软件分为单用户会计软件和网络与多用户会计软件。单用户会计软件是指将会计软件安装在一台或几台计算机上，每台计算机上的会计软件单独运行，生成的会计数据不能在计算机之间进行交换和共享的会计软件。网络与多用户会计软件是指不同工作站或终端上的会计人员可以共享会计信息，通过各用户之间资料共享，保证资料一致性的会计软件。

3. 按功能和管理层次的高低分类

按功能和管理层次的高低，会计软件分为核算型会计软件、管理型会计软件、决策型会计软件。核算型会计软件是指主要具备会计的日常业务核算功能的会计软件，如完成账务处理、薪资核算、固定资产核算、应收（付）款核算、报表编制等功能，会计核算功能是会计软件最基本的功能。管理型会计软件是在核算型会计软件基础上发展起来的，除了具备会计核算功能，还包括会计管理控制功能的会计软件，如资金管理、成本控制、预算控制等功能。决策型会计软件是在管理型会计软件的基础上，具备预测、决策等功能的会计软件，如本量利分析、资金和成本预测、投资决策等功能。

五、ERP 的概念

企业资源计划 (Enterprise Resource Planning，ERP)，是指利用信息技术，将企业内部所有资源整合在一起，对开发设计、采购、生产、成本、库存、分销、运输、财务、人力资源、品质管理进行规划，同时将企业与外部的供应商、客户等市场要素有机结合，实现对企业的物质资源 (物流)、人力资源 (人流)、财务资源 (财流) 和信息资源 (信息流) 等资源进行一体化管理 (即“四流一体化”或“四流合一”) 的管理平台，其核心思想是供应链管理，强调对整个供应链的有效管理，提高企业配置和使用资源的效率。

ERP 是由美国著名咨询管理公司 Gartner Group Inc. 于 1990 年提出，最初被定义为应用软件，后迅速为全世界商业企业所接受，现已经发展成为现代企业管理理论之一。

在功能层次上，ERP 除了最核心的财务、分销和生产管理等功能，还集成了人力资源、质量管理、决策支持等企业其他管理功能。会计信息系统已经成为 ERP 系统的一个子系统。

六、XBRL 的作用、优势和发展历程

(一)XBRL 的概念

可扩展商业报告语言 (eXtensible Business Reporting Language，XBRL)，是一种基于可扩展标记语言 (Extensible Markup Language) 的开放性业务报告技术标准。

XBRL 是以互联网和跨平台操作为基础，专门用于财务报告编制、披露和使用的计算机语言，基本实现了数据的集成与最大化利用以及资料共享，是国际上将会计准则与计算机语言相结合，用于非结构化数据，

尤其是财务信息交换的最新公认标准和技术。通过对数据统一进行特定的识别和分类，可直接被使用者或其他软件读取及进一步处理，实现一次录入多次使用。

（二）XBRL 的作用与优势

XBRL 的主要作用在于将财务和商业数据电子化，促进了财务和商业信息的显示、分析和传递。XBRL 通过定义统一的数据格式标准，规定了企业报告信息的表达方法。会计信息生产者和使用者可以通过 XBRL，在互联网上有效处理各种信息，并且迅速将信息转化成各种形式的文件。

企业应用 XBRL 的优势主要表现在以下方面：

（1）能够提供更精确的财务报告与更具有可信度和相关性的信息。

（2）能够降低数据采集成本，提高数据流转及交换效率。

（3）能够帮助数据使用者更快捷方便地调用、读取和分析数据。

（4）能够使财务数据具有更广泛的可比性。

（5）能够增加资料在未来的可读性与可维护性。

（6）能够适应变化的会计准则的要求。

（三）我国 XBRL 的发展历程

我国的 XBRL 发展始于证券领域。2003 年 11 月上海证券交易所在全国率先实施基于 XBRL 的上市公司信息披露标准；2005 年 1 月，深圳证券交易所颁布了 1.0 版本的 XBRL 报送系统；2005 年 4 月和 2006 年 3 月，上海证券交易所和深圳证券交易所先后分别加入了 XBRL 国际组织，此后中国的 XBRL 组织机构和规范标准日趋完善。

2008 年 11 月，财政部牵头，联合银监会、证监会、保监会、国资委、审计署、中国人民银行、税务总局等部门成立中国会计信息化委员会暨 XBRL 中国地区组织。2009 年 4 月，财政部在《关于全面推进我国会计信息化工作的指导意见》中将 XBRL 纳入会计信息化的标准。2010 年 10 月 19 日，国家标准化管理委员会和财政部颁布了可扩展商业报告语

言 (XBRL) 技术规范和企业会计准则通用分类标准，这成为中国 XBRL 发展历程中的一个里程碑，表明 XBRL 在中国的各项应用有了统一的架构和技术标准。

2011 年财政部组织以在美上市公司为主的 15 家国有大型企业，以及 12 家具有证券期货相关业务资格的会计师事务所开展通用分类标准首批实施工作，取得良好成效。2012 年财政部在 2011 年基础上扩大实施范围，增加 17 个省区市开展地方国有大中型企业实施工作，同时联合银监会组织包括 16 家上市银行在内的 18 家银行业金融机构开展实施工作。

第三节　信息技术环境下会计人员的价值取向

与手工环境相比，在现代信息技术环境下从事会计工作的会计人员价值取向发生了很大的变化。

一、会计人员角色和职能的变化

首先，信息技术的应用彻底改变了会计工作者的处理工具和手段。由于大量的核算工作实现自动化，所以会计人员的工作重点将从事中记账算账、事后报账转向事先预测、规划，事中控制、监督，事后分析及决策的一种全新的管理模式。

其次，在信息技术环境下，会计人员要承担企业内部管理员的职责。并且随着外部客户对会计信息需求的增长，会计人员应及时地向外传递会计信息，为社会、债权人、投资者、供应商和客户、兄弟行业及政府管理部门等一切会计委托和受托者披露会计信息，提供职业化的会计和财务咨询服务。

最后，在信息技术环境下，会计人员不再仅仅是客观地反映会计信息，而且应使会计信息增值和创造更高的效能。特别是由于会计人员对企业业务流程有独到理解，并具有组织会计和财务信息的高超技艺。他们可以参与企业战略和计划的辅助决策，将注意力更多地集中到分析工作而不只是提供会计和财务数据，其作用更多地体现在通过财务控制分析参与企业综合管理和提供专业决策。换言之，未来的会计师们将是企业经理的最佳候选人之一。

二、会计人员和会计信息系统关系的变化

与手工环境相比，在信息技术环境下，会计人员不仅是会计信息系统的信息提供者和使用者，同时还是会计信息系统所反映的各种业务活动规则、控制规则和信息规则的制定者和会计信息系统的维护者。会计人员职责将不断放宽，主要表现在如下几个方面。

（一）科学使用会计信息系统的会计信息

在现代信息技术环境下，特别是在网络环境下，会计人员可以通过内联网（Intranet）、外联网（Extranet）和互联网（Internet）按事先制定的业务活动规则和权限来控制从采购、仓储、生产和销售等环节财会数据的实时采集。此时客观上就要求会计人员能够准确地分析数据，并提出科学的分析结论和决策方案，工作重心转移到对会计数据管理监控、分析和财务决策上。

（二）制定各种业务活动、会计控制和会计信息的规则

为了使财会人员能科学地使用财会信息，一个重要的前提是在会计信息系统实施中，会计人员应与业务人员协作共同完成业务流程的优化或重组，并根据会计管理的需求制定各种会计控制和会计信息规则。

（三）会计信息系统的维护

随着管理理念和信息技术的不断发展，会计信息系统也应不断地在维护中实现其自身的动态变革。与信息技术人员不同，会计人员对会计信息系统的维护重点表现在如下方面。

（1）根据会计管理变革的新需求，提出对会计控制规则和会计信息规则变革的新需求。

（2）协助信息技术人员正确理解、抽象和描述上述规则。

（3）在信息技术人员完成规则变革的信息设计后，会计人员对会计

信息系统的新功能进行验收评测。

三、会计人员能力需求和知识结构的变化

为了使会计人员能胜任信息技术环境下的职责，对会计人员的能力和素质的需求发生了变化。

（一）能力需求

在信息技术环境下，常规且结构化的会计核算和财务管理等工作将由基于信息技术的信息系统完成。会计人员应更多地从事那些非结构化且非常规的会计业务，并完成评价信息系统及其资源的工作，因此未来的会计人员应具备如下 5 种能力。

（1）沟通技能

会计人员不仅能提供信息，而且能与企业高层领导和其他管理者交换信息，建立有意义的关系。

（2）战略性和关键性的思考能力

能够将会计数据、信息、知识和智慧联系起来以提出高质量的建议。

（3）关注企业客户和市场的发展

能够比竞争对手提供更好的、满足客户不断变化需求的建议。

（4）为关联信息提供科学解释

能够为互相有内在联系的会计、财务及非财务信息提供科学解释。

（5）技术熟练

能够熟练地利用会计和信息技术，并推动信息技术在会计工作中的应用，制定会计信息化实施的各种规则。

（二）会计人员应具备的知识体系

信息技术用于会计工作中所涉及理论和方法学具有很强的综合性，它涵盖如下多门学科的相关知识。

（1）管理科学：一般管理学和经济管理学，包括会计学、财务管理

和审计学等。

（2）信息技术科学：计算机软硬件技术、网络通信技术、数据库技术和多媒体技术等。

（3）信息系统理论和方法科学：老三论，即系统论、控制论和信息论；新三论，即耗散结构论、突变论和协同论，以及行为科学等。

（4）信息系统实施和管理科学：软件工程、项目管理、IT治理、工程监理和评估等。对于会计人员及从事会计信息化的人员而言，由于角色不同，上述各知识点的掌握要求也不同。

（三）会计人员的价值取向

会计人员为保持其自身的价值，必须做到如下方面：

（1）建立持续教育和终生学习的信念，会计人员应该得到持续教育，而不仅仅是通过资格认证。

（2）保持自身的竞争力，能够熟练并有效率地完成工作。

（3）应恪守职业道德，坚持会计职业的正直及客观性。

第四节　财务会计信息的质量要求

由于财务会计信息是以财务报告的形式对外呈报的，其目标是向信息使用者提供与企业有关的会计信息，以帮助信息使用者作出经济决策。因此，保证财务会计信息的有用性，是编制财务报告最直接的目的。为了更好地达成财务会计的目的，会计人员必须提高会计信息质量，并了解高质量会计信息应具备的品质。

我国基本准则规定了财务会计信息质量要求的基本规范，其内容包括可靠性、相关性、可理解性、可比性、实质重于形式、重要性、谨慎性和及时性等。其中，可靠性、相关性、可理解性和可比性是财务会计信息的主要质量要求，是企业财务报告中所提供的会计信息应具备的基本质量特征；实质重于形式、重要性、谨慎性和及时性是财务会计信息的次要质量要求，是对可靠性、相关性、可理解性和可比性等主要质量要求的补充和完善。

一、财务会计信息的主要质量要求

（一）可靠性

可靠性是指确保财务会计信息免于偏差和错误，能忠实反映现状。可靠性要求企业应当以实际发生的交易或者事项为依据进行确认、计量和报告，如实反映符合确认和计量要求的各项会计要素的信息，保证财务会计信息真实可靠、内容完整。为了达到财务会计信息质量可靠的要求，不得根据虚构的、没有发生的或者尚未发生的交易或者事项进行确认、计量和报告；不能随意遗漏或者减少应予以披露的信息，应当充分披露与使用者决策相关的有用信息；企业财务报告中的财务会计信息应当是中立的、无偏的。

可靠性是高质量会计信息的重要基础和关键所在，如果企业以虚假的经济业务进行确认、计量、报告，就属于违法行为，不仅会严重损害财务会计信息质量，而且会误导投资者，干扰资本市场，导致会计秩序混乱。

（二）相关性

相关性是指财务会计信息与决策有关，具有改变决策或导致决策差异的能力。相关性要求企业提供的财务会计信息应当与投资者等信息使用者的经济决策需要相关，有助于投资者等信息使用者对企业过去、现在或者未来的情况作出评价或者预测。

相关的财务会计信息应具有反馈价值，即有助于信息使用者评价企业过去的决策，证实或者修正过去的有关预测；相关的财务会计信息还应当具有预测价值，即有助于信息使用者根据所提供的财务会计信息，预测企业未来的财务状况、经营成果和现金流量。

（三）可理解性

财务会计信息能否为信息使用者所理解，取决于信息本身是否易懂和决策者的能力。可理解性要求企业提供的财务会计信息应当清晰明了，便于投资者等信息使用者理解和使用。

企业提供财务会计信息的目的在于使用，企业提供的财务会计信息只有清晰明了，易于理解，才能提高财务会计信息的有用性，满足信息使用者决策的需求。信息使用者通过阅读、分析、使用财务会计信息，了解了企业过去、现在及未来的发展趋势，才能做出科学决策。

可理解性不仅是财务会计信息的一项质量要求，同时也是与信息使用者有关的质量要求。会计人员应尽可能使财务会计信息易于理解，而信息使用者也应设法提高理解信息的能力，这样财务会计信息才能发挥最大的作用。

（四）可比性

可比性是指能使信息使用者从两组经济情况中区别出异同的财务会计信息的质量特征。即当经济情况相同时，财务会计信息能反映相同的情况；当经济情况不同时，财务会计信息能反映出差异。可比性包括横向可比和纵向可比两个方面。

横向可比是指不同企业相同会计期间的可比。即要求不同企业同一会计期间发生的相同或者相似的交易或者事项，应当采用相同的会计政策，确保财务会计信息口径一致、相互可比，以使不同企业按照一致的确认、计量和报告要求提供有关会计信息。

纵向可比是指同一企业不同时期的可比。即要求同一企业不同时期发生的相同或者相似的交易或者事项，应当采用相同的会计政策，并且不得随意变更。但是，满足会计信息可比性要求，并非表明企业不得变更会计政策，如果按照规定或者在会计政策变更后可以提供更可靠、更相关的会计信息，企业也可以变更会计政策。

二、财务会计信息的次要质量要求

（一）实质重于形式

实质重于形式是指企业按照交易或者事项的经济实质进行会计处理的质量特征。即要求企业应当按照交易或者事项的经济实质进行会计确认、计量和报告，不应仅以交易或者事项的法律形式为依据进行会计处理。

在多数情况下，企业发生的交易或事项的经济实质和法律形式是一致的，但在有些情况下两者也会出现不一致。例如，企业按照销售合同销售商品但又签订了售后回购协议，虽然从法律形式上看实现了收入，但如果企业没有将商品所有权上的主要风险和报酬转移给购货方，没有满足收入确认的各项条件，即使签订了商品销售合同或者已将商品交付给购货方，也不应当确认销售收入。

又如，企业融资租入固定资产，固定资产在租赁期内的款项并未付清，从法律形式上看，设备的所有权并没有完全转移给租入方；但从经济实质上看，租入方已经控制并已实际使用该项固定资产，并为企业带来了相应的经济利益，符合资产要素的本质特征，企业就可以将其确认为资产。

（二）重要性

重要性是指当某项财务会计信息出现不正确的表达或遗漏时，可能会影响信息使用者作出判断。重要性要求企业提供的会计信息应当反映与企业财务状况、经营成果和现金流量有关的所有重要交易或者事项。

如果企业提供的财务会计信息错报或省略会影响信息使用者据此做出决策，那么该信息就具有重要性。重要性的应用需要依赖职业判断，企业应当根据其所处环境和实际情况加以判断。例如，5万元的损失在小公司可能很重要，在大公司则可能不重要。

（三）谨慎性

谨慎性是指企业对不确定的结果，应确认可能的损失，而不确认可能的收益。谨慎性要求企业在对交易或者事项进行会计确认、计量和报告时保持应有的谨慎，不应高估资产或者收益，也不应低估负债或者费用。

企业的生产经营活动面临着许多风险和不确定性，例如，应收款项能否如数收回、固定资产和无形资产的使用寿命、售出商品可能发生的退货或者返修等。谨慎性要求会计人员在做出职业判断时，应当保持应有的谨慎，充分估计到各种风险和损失，既不高估资产或者收益，也不低估负债或者费用。例如，对于企业发生的或有事项，通常不能确认或有资产，只有当相关经济利益基本确定能够流入企业时，才能作为资产予以确认；相反，当相关的经济利益很可能流出企业而且构成现时义务时，应当及时确认为预计负债，这就体现了会计信息质量的谨慎性要求。

（四）及时性

及时性要求企业对于已经发生的交易或者事项，应当及时进行确认、计量和报告，不得提前或者延后。财务会计信息如果不及时提供，即使质量再好，也已失去时效性，对于使用者的效用就会大大降低，甚至不再具有实际意义。

财务会计信息的价值在于帮助信息使用者做出经济决策，具有时效性。及时性要求企业在经济交易或者事项发生后，及时收集整理各种原始单据或者凭证；及时对经济交易或者事项进行确认、计量，并编制财务报告；及时地将编制的财务报告传递给信息使用者，便于其及时使用和决策。

第五章　企业财务会计信息内部控制与审计

第一节　财务与会计信息系统内部控制体系

一、会计信息系统内部控制的目标

所谓内部控制包括组织机构的设计和企业内部采取的所有用于保护企业财产、检查企业会计信息准确性和可靠性、提高经营效率和效益、推动企业坚持执行既定的管理方针的相互协调的方法和措施。具体到会计信息系统，其内部控制的主要目标如下：

（一）防范资产损失

对企业主要资产，如货币资金、应收账款、材料物品、固定资产、长期投资等存取予以授权；为企业资产分别设立各自账户予以记录；通过对账核实，对各种资产的现状及使用变动情况予以监控。

（二）确保业务记录的有效性、完整性、正确性

不允许没有真正发生的虚构经济业务登记入账，而要求已受权且已发生的所有经济业务，在合适的时候，以适当的金额登记适当的账户，即被正确地确认、计量。

（三）确保会计信息的输出符合相关的处理规则

保证会计系统按公认会计原则，完整、及时地报告会计信息，如编制资产负债表、损益表、现金流量表等。同时，还要对各种会计档案、会计信息建立必要的使用与防护控制，如配置专人负责会计档案的保管、分发和回收。建立会计档案使用授权、登记制度，以确保信息传播的有效性和会计档案的安全性。

（四）为审计提供足够的线索

在设计和开发电算化会计系统时，必须注意审计的要求，使系统在数据处理时留下新的审计线索，以便审计人员在电算化环境下也能跟踪审计线索，顺利完成审计任务。

二、财务与会计信息系统的风险及内部控制体系

无论是人工系统还是财务与会计信息系统，其内部控制的目标都相同。计算机技术的引入，使得财务与会计信息系统在数据收集处理、存储、传输以及系统设备管理方面出现一些新特征，并由此导致财务与会计信息系统的风险内容与人工系统不同，其主要表现为：

（一）财务与会计信息系统数据处理的集中化、自动化

由于数据处理的集中化、自动化及不健全的内部控制，业务人员可利用特殊的授权文件或口令，获得某种权利或运行特定程序进行业务处理，由此引起失控而造成损失。

（二）财务与会计信息系统数据存储隐形化

会计数据以电、磁或光信号等物理形式存储在磁、光介质上，部分交易几乎没有“痕迹”，未授权人员可以查阅、盗窃或更改会计数据而不留痕迹，会计数据可能因疏忽或系统故障而暂时无法直接使用或毁损，甚至完全清除。

（三）电算化系统数据传输介质化、网络化

在把会计数据转化为便于计算机处理、传输的光、电、磁信号过程中，离不开会计数据的人工输入，而人工输入时极易发生有意或无意的差错。在通过电子通信网络传送时，未经授权人员可能接近、篡改、毁损会计数据，从而产生了内部控制的新问题。

（四）内部控制程序化

电算化系统中内部控制具有人工控制与程序控制相结合的特点。程序化的内部控制的有效性取决于应用程序，如程序发生差错或不起作用，人们的依赖性和程序运行的重复性，会使失效控制长期不被发现，系统发生错误或违规行为。

财务与会计信息系统内部控制包括一般控制和应用控制两方面。

所谓一般控制是指对会计信息系统及其环境的控制，与计算机数据处理系统的内部控制具有共性。一般控制主要包括：组织和操作控制、硬件和系统软件控制、系统安全控制等。只有在一般控制强有力的环境下，应用控制才能发挥应有的作用。

所谓应用控制是与特定的会计作业或交易处理直接相关的控制。不同的应用系统因处理方式、处理过程不同，其应用控制也不同。应用控制不仅为会计数据的准确性、可靠性提供保证，而且为企业管理、决策提供支持。

概括地说，一般控制是应用控制的基础，为数据处理提供良好的处理环境；应用控制是一般控制的深化，在一般控制的基础上，直接深入到具体的业务数据处理过程，为数据处理的准确性、完整性和可靠性提供最后的保证。

第二节　一般控制

任何信息系统的内部控制通常都遵循如下一些基本原则：交易授权、职责分离、作业监督、限制资产接近、交易记录和独立性。一般控制主要包括：组织和操作控制、硬件和软件控制、系统安全控制等。

一、组织和操作控制

（一）组织控制

由于企业的组织结构决定企业内部各部门、各岗位、各员工之间的职责关系，因此企业的组织结构是一种内在的控制。在设计企业的组织结构时要充分考虑和实现职责分离的控制目的，合理划分不同岗位或员工的职责，尤其是要分离不宜兼容的岗位职能。一般来说，一项完整的作业要由两个或两个以上的岗位或员工共同完成，以利于相互复核和牵制。在合理的职责分工下，工作人员将难以舞弊和自行掩盖，从而有效地减少差错或舞弊。不同处理方式的信息系统，其组织控制的形式和内容也不同。对财务与会计信息系统而言，其组织控制主要表现为：

1. 处理与控制会计资料的信息系统职能部门应与业务部门的职责分离。信息系统职能部门只负责管理、操作、维护计算机和会计软件系统，即只负责数据的记录、处理，而避免参与业务活动。具体包括以下内容：

（1）所有业务活动均应由用户部门完成或授权；

（2）信息系统部门无权私自改动业务记录和有关文件；

（3）所有业务过程中发生的错误数据均由用户部门负责或授权改正；

（4）信息系统部门只允许改正数据在输入、加工和输出过程中产生的错误；

（5）所有现行系统的改进、新系统的应用及控制措施都应由受益部门发起并经高级管理员授权，未经有关部门批准，业务部门无权擅自修改现有应用程序；

（6）所有资产的保管均不由系统职能部门负责。

《会计电算化工作规范》要求将会计岗位分为基本会计岗位和会计电算化岗位。其中基本会计岗位负责经济业务的确认、计量与报告，会计电算化岗位直接负责管理、操作、维护计算机和会计软件系统。

2. 信息系统部门内部的职责分离。在信息系统部门内部，首先，在系统设计、开发与会计数据处理之间必须明确分工。系统设计开发只负责系统分析、设计、程序编码、调试、维护、数据库的设计与控制、编写用户手册等。数据处理只负责会计业务数据的处理和控制。系统开发与数据处理应由不同的人员承担；其次，为减少差错，防止舞弊，在数据准备、数据操作、文档管理等数据处理各环节之间也应进行一定的职责分离。如《会计电算化工作规范》中规定，电算化岗位包括电算主管、软件操作、审核记账、电算维护、电算审查、数据分析、会计档案资料管理员、软件开发等。

当然，内部控制的方法与措施的有效性有赖于人员的执行，有赖于执行情况及时和真实的反馈。因此组织控制还应对人员进行考核及奖惩，如制定晋升制度，岗位轮换制度，定期休假制度，内部督查、审计制度等。

（二）操作控制

所谓操作控制，就是制定和执行标准操作规程，以保证系统运行的规范化、制度化和操作人员的合法化。操作控制的主要内容有：

1. 计算机系统使用管理

首先，应建立科学合理的机房管理制度，对设备的使用、程序的生效、文件的处置等制定出明确的规定，防止非指定人员进入机房操作计算机系统，以保护设备、程序、数据的安全。其次，制定数据文件的管理规则，包括数据文件的保留限期、存放地点、保管人员、使用控制等方面的内容。再者，为提高数据的共享性、兼容性，还应建立软件使用制度，同时制定一些应付突发事故的补救措施。

2. 操作管理

制定规范的操作制度和程序，以保证上机操作人员的合法性。如明确规定上机操作人员对会计软件的操作内容和权限。操作权限控制是指每个岗位的人员只能按照所授予的权限对系统进行作业，不得超越权限接触系统。系统应制定适当的权限标准体系，使系统不被越权操作，从而保证系统的安全。操作权限控制常采用设置口令来实行。每次工作完毕应及时做好所需的数据备份工作。

3. 运行记录制度

记录并保存系统操作和会计信息的使用情况，如：记录操作人员、操作时间、操作内容、故障情况等。

二、硬件和软件控制

所谓硬件和软件控制，是指为及时发现、查验、排除计算机故障，确保财务与会计信息系统正常运行而采用的计算机软、硬件控制技术和有关措施。

常用的计算机硬件控制技术有冗余校验、奇偶校验、重复处理校验、回波校验、设备校验、有效性校验等，通常由设备生产厂家负责实施。

软件控制包括文件保护，安全保护机制和自我保护等内容。

（一）文件保护

文件保护主要通过设置、核对文件内部标签来防止未经授权的文件使用和修改。文件内部标签是以机器可读的形式存储于磁盘或磁带中，一般占据文件目录的若干字节，以提供文件名称、文件编号、建立日期、所有者、进入口令、识别密码、文件记录数、保留日期等信息。

（二）安全保护机制

安全保护机制主要通过设立各类工作人员的存取权限，自动建立系统使用的人员及操作记录等来防止未经授权的系统使用。例如，安易公司的软件产品《安易 2000GRP》，就分别在系统级、数据库级、功能级、数据级、数值级等五个级别设置了安全控制机制。

（三）自我保护

自我保护主要包括两个内容：一是系统开发和维护的控制与监督（如程序的编号，维护的授权，只有使用专门指令才能动用和修改现有应用程序等）；二是出错处置程序，当计算机在程序、设备或操作出现错误时，仍能继续正常运行，不死机。

三、系统安全控制

通常计算机系统安全从保密性、完整性、可用性等三个方面予以衡量。保密性是指防止计算机数据非法泄露；完整性是指防止计算机程序和数据的非法修改或删除；可用性是指防止计算机资源和数据的非法独占，当用户需要使用计算机资源时要有资源可用。因此，系统安全控制应涉及计算机和数据两方面的安全控制。系统的可靠性、信息的安全性以及信息处理的正确性均有赖于强有力的系统安全控制。

（一）计算机的安全控制

首先，应建立计算机接触控制，严格控制未经授权人员进入机房，保证仅有授权人员方可接触到系统的硬件、软件、应用程序及文档资料；严格执行已建立的岗位责任制和操作规程，实施有效的上机授权程序。其次，建立系统环境安全控制。妥善选择系统工作场地，配备必需的防护和预警装置或设备，同时还需采取必要的“灾难补救”措施，建立后备系统等。

（二）数据安全控制

数据安全控制的目标是要做到任何情况下数据都不丢失、不损毁、不泄露、不被非法侵入。通常采用的控制包括接触控制、丢失数据的恢复与重建等，确保一旦发生数据非法修改、删除，可及时将数据还原到原有状态或最近状态。数据的备份是数据恢复与重建的基础，网络中利用两个服务器进行双机镜像映射备份是备份的先进形式。

（三）网络安全控制

网络安全性指标包括数据保密、访问控制、身份识别、不可否认和完整性。具体可采用的安全技术主要包括数据加密技术、访问控制技术、认证技术等。

第三节　应用控制

应用控制是对财务与会计信息系统中具体的数据处理活动所进行的控制。其重点在于全部交易均已经过合法授权并被正确记录、分类处理和报告。应用控制常可分为输入控制、处理控制和输出控制。

一、输入控制

输入控制的目的是：

1. 确保完整、及时、正确地将经济业务信息转换成机器可读的形式并输入计算机，而不存在数据的遗漏、添加和篡改。

2. 及时发现与更正进入财务与会计信息系统的各种异常数据，或者将其反馈至相关业务部门重新处理。

常用的输入控制方法包括：

（1）建立科目名称与代码对照文件，以防止会计科目输错；

（2）设计科目代码校验，以保证会计科目代码输入的正确性；

（3）设立对应关系参照文件，用来判断对应账户是否发生错误；

（4）试算平衡控制，对每笔分录和借贷方进行平衡校验，防止输入金额出错；

（5）顺序检查法，防止凭证编号重复；

（6）二次输入法，将数据先后或同时由两人分别输入，经对比后确定输入是否正确。

依据数据输入过程的逻辑性，输入控制应包括：

（一）数据收集控制

数据收集控制是指对经济业务原始交易数据的人工收集、分类、记录过程的控制。它主要包括：建立和执行合理的凭证编制、审核、传递、保管程序；合理设计凭证，明确规定各栏次的内容，并预留空栏供交易授权和确认责任；业务的授权与合理分类等方面的内容。

（二）数据分批和转换控制

数据分批是指将一段时间内的业务数据汇集在一起，集中输入和处理。对于采用批处理方式的财务与会计信息系统而言，可防止交易处理的遗漏，防止在信息处理过程中未经授权交易资料的插入，防止过账错误。有效的数据分批控制措施是控制总和，即计算并比较某一数据项在不同处理过程或部门产生的总和，若该数据项的各总和之间存在非零差异，则表示存在差错。如：当某一批数据全部输入完毕后，若计算机统计出记录项总数与数据收集组提供的记录项总数不一致，则表示出现输入差错，必须立即更正。控制总和除选用记录项总和外，还常选用总额控制数，即整批交易的数量金额栏的汇总数。控制总和不仅适用于数据输入控制，而且可以应用于数据处理和数据输出控制。

数据转换控制，是指将计算机不能识别（不能读）的数据，转换为计算机能够识别（能读）的数据这一过程的控制。

二、处理控制

财务与会计信息系统处理控制的目的，在于确保已输入系统的全部数据均得到正确和完整的处理。常用的控制措施包括：登账条件检验，防错、纠错控制，修改权限与修改痕迹控制等。处理控制主要涉及数据的有效性检验、数据处理的有效性校验及建立清晰的审计线索等方面的内容。

（一）数据的有效性校验

财务与会计信息系统十分复杂，要求能对各种类型业务文件进行正确的处理。使财务与会计信息系统处理的结果正确、完整的前提是所要求处理的数据是正确、完整的，即保证所处理数据对象的有效性。数据的有效性校验分为数据正确性校验和数据完整性校验。

1. 数据正确性校验

数据正确性校验，即所要求处理的数据，读取自适当的数据库，经适当的应用程序处理后又被存入适当的数据库。常用的方法包括校验文件标签，即人工检查文件外部标签，程序检查文件内部标签；设置校验业务编码，即对不同的业务进行编码，应用程序依据读出的业务编码，将不同的业务转入不同的程序进行相应处理。

2. 数据完整性校验

数据完整性校验，即确保所要求处理的数据既没有遗漏，也没有重复，更没有未授权的插入、添加。最常用的方法就是利用顺序校验，即应用程序通过读取的每一项业务或纪录的主关键字，与前一项业务或纪录的主关键字进行比较，以检查文件组织顺序是否正确。顺序校验不论是对数据输入控制还是数据处理控制都是必要的。

（二）数据处理有效性校验

数据处理过程中产生的错误，一般是由于计算机硬件、系统软件、应用软件出现了问题。虽然现在计算机硬件设备的可靠性相当高，但在系统运行中仍有可能出现故障。设计完好的系统软件、应用软件，也可能因硬件故障或其他外界干扰而失效或被更改。因此，数据处理的有效性，一方面，可通过定期检测财务与会计信息系统各功能处理的时序关系和应用程序，及时发现并纠正错误来确保；另一方面，可通过对数据进行逻辑校验来确保。

对于系统各功能处理的时序关系和应用程序的测试，常用重复处理控制的方法，即比较同一业务数据的前后两次处理结果，若两个结果不一致，则说明出错。例如：对于“应收账款”模块，可依据往来客户代码，将每批应收账款业务分别进行明细账处理和总账处理，批处理结束后，若总账发生额与各明细账发生额的合计之间存在非零差异，则说明该模块存在问题。至于对数据的逻辑检验，既可采用前述的合理性检验和配比性检验，也可采用逆向运算、重复运算等方法检测数值计算的正确性。

（三）建立审计线索

处理控制的另一个重要目的在于产生必要、清晰的审计线索，以便对已处理交易进行追溯和查验。必要的、清晰的审计线索不仅为审计总账或其他会计记录的变动提供证据，而且也为编制财务报表、查找与更正处理错误、发现交易数据的遗漏或未经授权的添加提供方便。审计线索的充分与否，直接影响到应用控制的质量。

财务与会计信息系统审计线索的建立一般涉及输入/输出登记、程序的使用登记，以及处理过程中所产生业务的登记等，具体包括以下内容内容：

（1）已处理的经济业务清单；

（2）处理中使用过的参数表和数据清单；

（3）操作员单独输入的数据清单；

（4）处理中使用过的应用程序名称、次数和时间；

（5）某些经济业务所需的选择性处理操作清单；

（6）计算机产生业务的详细清单。

三、输出控制

财务与会计信息系统不仅要保证输出结果的完整与可靠，而且要保证各种输出信息能安全、及时地分发到适当的使用者手中。只有具有相应权限的人员才能执行输出操作，并要登记操作记录，从而达到限制接触输出信息的目的；打印输出的资料要进行登记，并按会计档案要求保管。

输出控制包括对财务与会计信息系统输出结果的复核和对输出结果的限制性分发。输出结果的复核，包含来自信息输出部门和信息使用者两方面的复核。信息输出部门在分发之前，要对拟分发的输出结果的形式、内容进行复核，如业务处理记录簿与输入业务记录簿的有关数字核对，输入过程中控制总数与输出得到的控制总数的核对，正常业务报告与例外报告中有关数字的对比分析等；信息使用者在使用前，对会计电算化输出结果的复核，如客户在支付到期贷款之前，复核收到的往来客户账单；企业财务主管在每日现金送银行之前，复核由出纳编制的存款汇总表等。

输出结果的限制性分发，是指财务与会计信息系统的输出结果只限于分发到授权接收的使用者手中。限制性分发通常是通过建立和执行输出文件的分发与使用登记制度来实现。

无论是输入控制，处理控制或输出控制，都还应包括对发现的错误如何加以处理的措施和方法。一般而言，根据不同的情况，如错误发现的时间、错误类型、产生地点、环节等，采用不同的处理措施。如对已发现的错误凭证，若错误凭证被发现时已登账，则只能采用红字登记法或补充登记法来更正；若错误凭证被发现时已输入财务与会计信息系统但尚未登账，且该错误来自于数据转换阶段，即录入错误，则可直接更改；若该错误来自数据的采集阶段，即手工编制记账凭证错误，则操作员不能直接更改，应填制错误清单并通知有关业务部门，待清单中错误更改后送回，再重新输入。

第四节 计算机审计

一、计算机审计的概念

计算机审计是指对财务与会计信息系统的审计。由于将计算机系统作为会计工作的辅助管理工具，不仅给会计工作本身，而且也给审计工作带来了深远的影响，同时也拓展了审计工作的范围。在电子商务环境，传统的审计线索完全消失。记录和确认交易发生的各种文件，从合同、订单、发货单、发票、数字支票，以及收、付款凭证等原始单据，都以电磁信息的形式在网上传递，并保存于电磁存储介质中，极大地冲击了传统审计的方法和模式。

（一）会计组织结构

在财务与会计信息系统中，会计的许多功能，特别是会计核算功能由计算机辅助完成。在原有的手工处理系统中的一部分会计组织机构，如工资核算组、成本费用核算组、总分类核算组均有可能不再需要设置。同时，由于计算机的应用，又相应出现一些新的工作岗位和组织，如系统开发组、系统维护组等。因此，审计工作不仅仍然要围绕原来手工系统的例行任务进行，还要对财务与会计信息系统新设立的组织进行研究与评价。

（二）系统工作平台

系统工作平台是指财务与会计信息系统使用的计算机硬件系统和系统软件。必须保证系统平台能满足会计电算化技术与安全方面的要求。由于计算机系统是原手工会计系统没有的部分，因此对财务与会计信息系统的审计，审计部门要增加计算机技术方面的组织。

（三）数据存储形式

在手工操作时，会计信息由纸张介质进行记载，如记账凭证、账簿等。在财务与会计信息系统中，计算机内的数据都存储在各种光、电、磁介质中，人们再也不能以翻开证、账、表的形式使用这些信息，只能借助计算机的辅助设备和程序来存取这些信息。由于存储介质的变化，使得会计系统的审计线索亦发生了变化，一方面使得部分审计线索消失，另一方面则使大部分审计线索改变了其存在的形式。

（四）内部控制

除了原有手工系统下的内部控制制度外，企业会计系统应为每笔业务、每项经济活动提供一个完整的审计轨迹。可将相当一部分内部控制方法交由计算机程序实现，如试算平衡、非法对应科目设定、计算机操作权限设置等。计算机审计要求对财务与会计信息系统内部控制机制的有效性进行审计。

（五）计算机系统的安全性

财务与会计信息系统的安全隐患主要来源于两个方面：一个是会计人员及其他人员的舞弊行为；另一个是来自外界对计算机网络的恶意攻击。因此必须采取相应的审计方法来对财务与会计信息系统的安全性进行审计。

二、计算机审计的内容

计算机审计的基本目标是审查财务与会计信息系统的有效性、经济性、效率性、完整性、准确性、安全性、私用性和合法性。在财务与会计信息系统中，由于其组织结构、数据处理形式及数据存储介质都与手工系统有了很大差别，其审计的方式和内容也随之有所改变。此外，审计人员不仅仍可依靠手工围绕财务与会计信息系统进行审计，也可利用计算机作为辅助工具对财务与会计信息系统进行审计。具体地说，在财务与会计信息系统环境下，计算机审计主要有以下内容：

（一）内部控制审计

财务与会计信息系统的内部控制是否健全有效，是会计信息正确与否的基本保证。我国对会计处理工作制定的一系列法律法规，是保证财务与会计信息系统正常运行的法律基础。一个企业内部控制的建立和实施，必须实现的目标包括提供可靠数据、保护各项资产及记录的安全、促进经营效率的提高、鼓励遵守既定政策、遵守有关法规。如果企业的现行会计制度、会计处理规程等内部控制既符合公认的会计原理和准则及其他内部控制原则，又能够自始至终地得到贯彻执行，那么，就可以认定企业提供的会计信息是真实的、公允的。若会计电算化系统能够依据《会计电算化工作规范》等法律法规实施操作，也可以认为该会计电算化系统是有效的、可靠的，其提供的信息是真实的、公允的。制度基础审计既是社会经济发展对审计工作提出的要求，也是对财务与会计信息系统内部控制审计的主要内容。

（二）计算机系统审计

计算机系统包括计算机硬件、系统软件和应用软件。这里主要指对计算机硬件和系统软件的审计。

对计算机硬件的审计是审查硬件的性能是否达到要求，设备运行是否正常。一般来讲，财务与会计信息系统的硬件要求可靠性较高。为了保证系统数据的安全性和完整性，系统可以采用数据存储设备镜像或双机热备份等工作方式。

对计算机系统软件的审计，主要内容有计算机操作系统和数据库管理系统。在当前的中小型系统中，可用于局域网系统的操作系统产品不多，主要有 Windows 和 NetWare 系列产品，这些产品不提供源代码，其安全性也有限。在多用户或网络工作环境中，计算机操作系统必须满足一定的安全级别。在有条件的情况下，计算机操作系统的安全级别要达到 B2 级。

（三）系统开发审计

对于财务与会计信息系统，不仅要对系统的工作环境进行审计，也要对财务与会计信息系统的开发过程进行审计，也就是要对财务与会计信息系统的整个生命周期进行审计。系统开发审计一方面要检查开发活动是否受到适当的控制，以及系统开发的方法与程序是否科学、先进、合理，另一方面还要检查系统开发中产生的文档资料。例如，在系统分析阶段产生的系统分析报告所描述的财务与会计信息系统逻辑模型是否正确；在系统设计阶段产生的系统设计文档是否可行、有效；在系统实施过程中采用的开发工具是否先进。

（四）应用程序审计

应用程序是系统功能的最后实现，尤其是在财务与会计信息系统中，会计功能，特别是会计核算必须依照一定的步骤、方法和规范展开。因此，应用程序的审计要通过一系列数据测试，对目标系统进行检验，以保证程序运行逻辑的正确性。

（五）数据文件审计

财务与会计信息系统是利用数据文件系统存储会计处理的对象和结果。在会计电算化系统中，会计凭证、会计账簿、会计报表映像；国家制定的法律、财经法规、政策和制度，上级制定的规章制度，上级下达的指示、通知、命令；企业单位制定的经营方针、目标、计划、预算、定额、经济合同，各项经济指标、规章制度等；都可以数据文件或数据仓库的形式存储于光、电、磁等介质上。因此，审计依据和审计证据大部分来自于财务与会计信息系统和企业信息系统内部，特别是企业单位制定的各项数据指标和账务处理数据。

第六章　信息化时代下的企业财务会计

第一节 企业财务会计信息化问题

在市场环境日益复杂的背景下，企业财务管理迎来了新的挑战，越来越受到企业与员工的关注与重视，针对这种情况，本节认为应该将会计信息化应用到企业财务管理之中，全面提升企业竞争优势，推动企业财务发展。

信息技术的快速发展在很大程度上推动了企业财务管理方式的转变，将信息技术应用于企业财务管理是现代化企业财务发展的必然趋势，在转变企业财务管理方式的同时引导企业会计朝着信息化方法发展。本节主要就企业财务会计信息化问题进行分析与探讨，希望对企业财务发展有所裨益。

一、会计信息化的相关概述

简单来说，会计信息化就是以财务管理与信息技术相结合的方式提升工作质量及企业竞争优势。会计信息化发展具有一定的要求，即在进行会计工作创新与改革的同时结合实际情况重新构建传统会计模型，以此达到提高会计工作影响力与吸引力、促进信息技术和企业会计融合发展的目的。在会计信息化全过程中渗透计算机技术是现代企业财务工作发展的重要需要，对企业财务进步及其工作效率的提升具有促进作用。为了进一步发挥高科技优势，促进会计方式创新，提升企业财务与社会发展需求的适应性，需要在重视会计信息化作用的同时将其贯彻落实到企业财务全过程。

二、提升企业财务会计信息化的有效策略

（一）树立与时俱进的管理理念

企业财务会计信息化的实施需要与时俱进管理理念的支撑，落实到实际，一要引导财务人员树立与时俱进的管理理念，正确认识到会计信息化的重要性及财务管理工作创新的必要性，从而主动摒弃相对落后的传统观念；二要引导财务部门树立符合现实需求的管理理念，以财务管理创新理念带动企业其他部门理念更新，从而为财务会计信息化的顺利实施提供保证；三要引导财务人员形成一定的风险管理意识与观念，做好财务风险防范工作，避免会计信息化发展受到不必要的影响。

（二）做好内部审计工作

在会计信息化背景下，内部审计对企业财务发挥的影响越来越显著，面对此种形势，企业应主动做好内部审计工作，不断优化与完善审计制度，提升审计监管作用与审计综合能力，同时企业还应将会计信息体系与审计体系相结合，发挥二者结合作用。另外，在进行内部审计体制构建的过程中，需要综合考虑审计部门特征与性质等因素，强化各部门监控，及时发现问题并加以解决，从而全方位提升风险管理效率与质量。

（三）重视企业财务风险管理

企业财务会计信息化的快速发展在带来诸多机遇的同时也带来了一些其他问题，其中财务风险是最为显著的问题，具体来说就是企业财务会计信息化在一定程度上转变了会计信息氛围与环境，会计信息分析与解决朝着信息平台发展，若计算机系统与其不相适应，出现瘫痪的现象，则会给企业造成极大的损失。针对这种情况，本节认为企业应提高对财务风险管理的重视，在实践中不断探索与总结风险防范体制优化策略，做好计算机监督控制工作，在降低财务风险的同时保证会计信息化稳定

发展。

（四）进行企业内部控制制度优化

企业需要依据市场发展趋势制定与企业实际发展状况相符合的内部监督管理体制，并将之贯彻落实到全过程，企业内部监督管理体制与财务活动有着密切的关系，需要提升财务活动过程的透明度与经济活动的安全程度；另外还需制定符合企业发展需求的预算制度，在分析综合方案预算的基础上全方位记载企业相关部门实际支出状况，保证经济活动的全面贯彻落实，为了取得更为理想的效果，促进企业财务会计信息化的有效实施，还需结合实际不断优化与创新，最大限度地提升财务预算的适应性，在这一期间若发生问题则应第一时间进行解决，避免预算作用弱化。

（五）发挥财务管理队伍积极作用

会计信息化在企业财务中的应用是一项相对复杂的工作，具有长期性与系统性，涉及多方面内容，在具体应用过程中不可避免地会发生一些问题，这就需要高素质高技能的财务管理队伍进行问题处理，保证相关工作的有序进行。一方面，企业需要定期安排现有财务人员参与学习和培训，在开阔视野、拓展各方面知识的基础上提升综合能力与素质，使之熟练掌握会计信息化特征及应用能力，同时也需定期组织财务核算软件培训，提高财务人员对财务核算软件的认识与了解，能够灵活应用数据分析与处理，全面增强信息化水平；另一方面，企业需要制定满足现实需求的薪资待遇，一来激发财务人员工作积极性与主动性，二来提升企业财务影响力，积极引进更多专业人才，不断壮大财务人员队伍，提升财务人员队伍整体素质，为企业财务会计信息化的实现铺垫坚实的人才基础。

总而言之，企业财务会计信息化的实施是优化财务工作、提升财务数据准确性的有效渠道，有利于激发员工工作热情与提高企业财务工作质量。要注意的是，会计信息化在为企业财务工作提供机遇的同时也带来了一定的挑战，因此企业在应用会计信息化时应综合考虑多方面因素，不断探索与总结会计信息化应用方法，全面发挥会计信息化作用。

第二节　会计信息化与企业财务管理

随着网络通信技术和计算机技术的快速发展，传统的财务管理模式已无法满足企业发展的实际需求。在现阶段的企业财务管理工作开展过程中，要求相应的企业能够结合时代发展特征，不断优化创新企业管理模式。通过会计信息化的方式，将企业的财务管理工作与会计结算进行有效的融合，以加快企业财务管理的改革和转型。本节就会计信息化与企业财务管理中存在的问题，如何实现企业财务信息化管理进行了研究讨论并提出相应的工作建议，以供参考。

在现代企业管理工作开展的过程当中，要逐步加强企业财务信息管理工作，为企业的日常运营和发展提供基本保障。通过大量的调查发现，有部分企业已经意识到应用信息技术的重要性，在企业财务管理工作开展的过程中选用了部分管理软件，企业财务管理初步进入了会计信息化的模式。在传统会计模式下的企业财务管理工作，常常会受到主观因素及客观因素等多方面因素的影响，加大了企业财务管理的难度。在实际的发展过程中，则要求企业能够清晰认识到会计信息化与企业财务管理之间的联系，科学合理地利用会计信息化技术，为企业的正常运营和发展提供决策性的建议。

一、企业财务信息管理中存在的问题

（一）缺乏正确认识

随着科学技术的不断发展，现阶段的企业财务管理工作开展，要求企业能够结合时代发展特征，不断更新企业管理理念，优化企业内部结构，加强企业内部审计工作，全面加强企业内部调整工作，以适应社会发展，增强企业的核心竞争力。而在企业财务管理工作开展的过程当中，由于部分领导人对于企业财务信息化管理存在偏见，认为应用互联网加强企业财务信息管理工作，在一定程度上增加了信息泄露的风险，难以保障数据的完整性，很有可能面临无法挽回的损失。究其原因，是因为会计信息化的发展有待进一步完善和推广。

在部分企业生产经营活动开展的过程当中，企业的管理人员更加注重短期的效益，安于现状，缺乏一定的挑战意识和时代精神，把企业生产经营的核心放在了稳定经营上，没有意识到时代对于企业提出的新要求，缺乏企业规划，没有正确认识到财务信息化管理的必要性。由于企业管理人员对于企业财务管理信息化建设缺乏正确的认识，在一定程度上增加了企业财务信息化管理的难度，难以满足企业发展的实际需求。

（二）软件性能落后

在企业财务信息化管理工作开展的过程当中，首先要具备相应的硬件设施和软件设施，以此为企业财务信息化管理工作提供基本保障。但通过大量的调查发现，在部分企业生产经营活动开展的过程当中，由于其相应的财务信息化管理软件的性能较落后，没有结合时代发展特征不断优化更新系统，难以达到企业生产经营活动开展的需求，增加了企业财务信息化管理的难度。更深层次的原因，则是因为在大部分企业生产经营活动开展的过程当中，企业并不具备自主开发信息化软件的能力，缺乏专业的人才和过硬的技术。因而在企业财务信息化管理工作开展的过程当中，只能从外部企业购置相应的管理软件，进而造成企业财务管理软件与其自身的发展情况存在一定差异，难以为企业正常的生产经营活动提供有效的辅助参考，达不到企业财务信息化管理的要求。而国内专门制作财务软件的机构，在软件开发的过程当中，受到经验、资金、技术等多方面客观因素的限制，做出来的财务管理软件达不到企业财务管理的要求。

（三）会计流程不足

相对于传统的会计管理工作来说，会计信息化主要是通过汇总的方式来储存企业的数据和相关的信息。在企业财务管理的应用过程中，无法准确全面地反映企业经济业务的本身面貌，对于企业来说，在一定程度上增加了其管理难度，同时还增加了潜在的安全隐患。在企业财务管理中所应用的会计信息化系统，仍旧存在反馈信息与业务情况不符的现象，还存在信息滞后等问题，难以保障会计管理的质量。而在企业财务管理工作开展的过程当中，企业无法借助会计信息化所提供的数据信息，结合企业自身的经营情况以及生产活动情况来加强企业内部结构的调整工作。

在企业财务信息化管理工作开展的过程当中，由于现有的会计流程存在缺陷，难以为企业的生产经营活动提供相应的数据信息作为支撑，而会计信息的优势也难以发挥和体现。现阶段大部分企业对于会计财务流程的设定过于敷衍，难以达到企业财务管理信息化的需求。当发生经济业务之后，主要是由相应的部门和相关人员来进行记账和单据整理，缺乏系统的监督检查，常因为人为操作失误或漏洞，造成信息录入错误。

二、会计信息化对企业财务管理造成的影响

（一）会计功能的影响

在企业财务管理工作开展的过程当中，会计信息化相对于传统的管理模式能够不断优化企业财务管理体系，分别从会计信息的生成方式、传输方式以及会计目标三个方面影响会计功能，进而为企业财务管理工作提供有效的保障，不断优化创新企业财务管理的模式，使得其能够适应时代发展需求，增强企业自身的竞争力。相对于传统的人工生成信息来说，会计信息化能够有效减轻会计人员的工作量，提高会计人员的工作效率，而借助现代化的信息系统，以有效提高会计信息生成的效率，

同时能够有效提高信息生成的准确率。

在传统的会计信息传输过程中，主要是以纸质传输为主，传输的速度相对较慢，效率低下。而会计信息化能够有效提高会计信息传输的速度，在保障会计信息传输准确性的同时，提高其传输的效率。加强企业财务管理的主要目的是为企业的经营发展、财务状况制定科学合理的财务方案，逐步加快企业生产经营活动。会计信息化能够帮助企业明确其财务管理的目标，通过会计报表，让企业的决策者能够准确地认识企业自身的情况，明确其生产经营活动当中存在的不足，加快企业的改革转型，推动企业经济发展。

（二）会计人员的影响

随着信息技术的不断发展，企业财务管理工作已经发生了翻天覆地的变化，对于企业的会计人员有了更高的要求。在现阶段的企业财务管理工作开展的过程当中，则要求相应的会计人员能够熟练应用计算机，并能够熟练掌握计算机的各种操作。同时，还要求会计人员能够有一定的职业道德素质。在工作的过程中，能够积极承担起相应的责任，坚守岗位职责，保障会计信息的安全。

事实上，对于会计人员来说，在会计信息化的时代背景下，要积极学习先进的技术和技能，不断提高自身的综合素质，在拥有传统会计技能的同时，熟练掌握信息化技术。在工作的过程当中，能够熟练运用信息化技术全面加强企业财务管理工作。在实际的工作过程当中，还要求相应的会计人员能够借助信息技术，全面加强企业财务的运行监管工作，以此保障企业能够正常的生产经营，以促进企业发展。这就要求相应的会计人员能够充分利用网络和信息技术，突破传统手工会计的局限性。通过企业内部网、外部网及互联网直接收取相应的数据信息，实现会计业务一体化的处理工作，全面加强企业财务核算和动态核算工作，为企业的正常生产经营活动提供有效保障。

（三）内部审计的影响

加强企业内部审计工作，能够全面加强企业内部的监督管理工作，提高企业财务管理的质量。要想做好企业内部审计工作，首先要保障其收集到的相应的数据信息能够更加全面科学可靠。在企业生产经营活动开展的过程当中，加强企业内部审计控制工作能够结合企业的生产经营活动，提高企业财务管理绩效。相对于传统的企业财务管理工作来说，会计信息化能够充分利用计算机和互联网等现代信息技术的优势，全面加强企业的财务管理工作，不断完善企业财务管理体系。而更加准确的进行记账、算账、报账等工作能够有效减少人为失误，全面加强企业财务管理工作。

企业内部的审计工作相对较烦琐，对相应的审计人员要求较高，除了掌握基本的审计专业知识之外，还要求相应的审计人员能够掌握系统软件的测试能力，全面加强会计软件的控制工作，以此提高企业内部审计工作的质量。而借助会计信息化能够充分利用互联网的优势，保障企业各种财务资料和会计信息的完整性和可靠性，以有效提高企业内部审计工作的效率和质量，有效避免信息失真的现象发生，降低企业内部审计工作的难度。

三、企业财务管理的改进策略

（一）转变管理理念，加强人才建设

在会计信息化的时代背景下，为了有效提高企业财务管理工作的质量，在企业的生产经营活动开展过程当中，要求企业能够充分意识到会计信息化为其财务管理工作带来的优势，有效转换其财务管理观念，树立正确的信息化财务管理意识。为了实现企业财务信息化管理工作，则要求企业能够树立强烈的信息化意识，在实际的工作过程中，能够借助会计信息化的优势，不断优化创新企业财务管理的方式方法，在加强企业财务管理改革的同时，能够清晰地认识到提升企业员工财务管理会计

信息化意识的重要性，通过定期的培训和交流，不断提高企业财务管理人员的思想认识。

在工作的过程中，能够积极学习先进的会计信息技术，以加快企业财务管理会计信息化的发展进程。根据调查结果显示，我国有将近60%的企业认为在企业财务管理信息化建设过程当中，企业财务管理信息化建设难以高效发展的原因是因为缺乏相应的技术人员。这就要求企业能够全面加强相关人员的培训工作，通过有效的培训，不断提高其工作人员的技能和综合素质，为企业财务管理信息化建设提供人才保障。同时，在企业财务管理工作开展的过程当中，还需要结合企业的自身发展情况，不断优化企业自身的会计队伍建设，从企业发展的全局出发，建立一个会计信息化的环境，提高企业财务管理的质量。

（二）优化企业结构，建立控制制度

在企业财务管理信息化建设的过程中，需要企业能够充分认识到其发展过程当中存在的不足和缺陷，进而能够结合时代发展特征，借助会计信息化的时代背景，不断优化企业自身的发展结构，积极调整企业的内部结构，并建立相应的企业财务管理内部控制制度，以此保障企业财务管理信息化工作能够高效地进行。这就要求企业能够在会计信息化的形势下，全面做好企业内部控制工作，不断完善企业内部控制的制度，为企业财务信息化管理提供基本保障。事实上，企业财务管理的流程在一定程度上也会影响企业财务管理的质量和效果。这就要求企业在生产经营活动开展的过程当中，能够落实财务管理工作，并将财务管理作为核心，建立相应的业务流程。

同时，还要综合考虑到企业财务管理的现状，以及财务管理的目标，科学合理地制定企业财务管理的规定和标准。在实际的工作过程中，还要求企业能够充分考虑到企业生产经营活动的需求，进一步完善企业内部管理制度，增强其管理制度的可行性和可操作性，不断优化企业内部的结构，借助有效的惩奖制度，全面加强企业内部人员管理工作，以此实现资源的合理配置。

（三）创新管理模式，加强风险预防

在企业财务信息化管理工作开展的过程当中，其管理的模式在一定程度上也会影响企业财务信息化管理的效果。这就要求企业能够充分意识到会计信息化对于企业财务管理工作的重要性，在实际的财务管理工作中能够建立相应的会计信息系统，全面加强会计信息和数据的收集处理工作，为企业的正常生产经营活动提供有效保障。在实际的工作环节中，则要求相应的工作人员能够科学合理地设计会计信息化系统，保障会计信息化系统的安全性和稳定性，有效避免因信息泄露以及数据错误等多种情况造成会计信息泄露的现象发生。倘若会计信息系统出现了漏洞或异常情况，很容易引发数据泄露或遗失等问题，在一定程度上增加了企业财务管理的风险，难以保障企业的财务安全。

因而在现阶段的企业财务管理工作开展的过程当中，要求相应的工作人员能够结合时代发展特征，不断优化创新其管理模式，且能够不断完善企业财务管理的模式，加强风险预警。在工作的过程当中，要求其相应的会计人员和审计人员能够积极承担起相应的责任和义务，在数据收集和处理的过程中，仔细严谨，且具有一定的风险防范意识和应急能力，当风险发生时能够第一时间处理，有效防止事件进一步恶化。同时，在实际的工作过程当中，还要求相应的工作人员能够定期的检查和监控会计信息系统，定期维护会计信息系统的硬件设备，以保障会计信息系统能够高效稳定地运行，以有效消除潜在的安全隐患，增强会计信息系统的安全性和稳定性，提高企业财务管理的质量。

（四）完善会计软件，构建管理体系

在会计信息化的形势下，为了加强企业财务管理工作，要求企业能够不断完善会计软件，且能够结合企业的实际发展状况，构建相应的信息化管理体系，让企业财务管理工作能够更加适应时代发展需求。因而在企业财务管理工作开展的过程当中，则应从技术层面入手，不断优化和完善企业财务管理的技术，以满足企业财务信息化管理的各方面需求。

在现阶段企业财务管理工作开展的过程当中，要求企业能够引进大量的专业人才。在加强企业财务管理的同时，能够结合时代发展特征不断提高其相关人员的计算机技术，使其能够自主开发企业财务管理软件。这就要求企业在引进先进的财务软件的同时，能够加强与财务软件研发企业的联系，以此构建企业的专属财务管理软件，保障企业财务管理工作能够高效地开展，最大限度地促进企业财务管理会计信息化发展。这就要求企业的相关人员能够结合软件的使用性能，以不断优化企业财务管理体系，将企业的经营工作流程与互联网相联系，以现企业财务管理的自动化操作，全面加强企业财务信息的收集和处理工作，以此实现企业财务管理的目标，为企业的经营发展提供科学的数据信息，使得企业的财务管理工作能够更加全面高效地进行。

总之，科学技术的不断发展，对企业财务管理工作提出了更高的要求。在实际的工作环节中，借助信息技术，能够在传统的企业财务管理基础上，全面加强数据信息的收集与处理工作，为企业的经营发展提供科学的理论依据和保障。这就要求相应的企业能够充分意识到会计信息化给企业财务管理工作带来的积极影响，加快企业财务管理体系的升级和创新工作，科学合理地应用信息技术，加快企业财务管理的改革和转型。在提高企业财务管理质量的同时，促进企业的发展。

第三节　会计信息化下的财务会计流程优化

现阶段，我国社会经济的迅猛发展，给各个行业都带来了很大的挑战。对于企业发展来讲，财务会计起着核心的作用，对企业各项工作的顺利展开，都有着非常大的帮助。随着互联网信息技术的发展，传统的财务会计工作流程以及内容，已经无法满足企业在现代社会市场中的发展经营需求。企业想要获得更大的经济效益，提高自身的管理效果，就必须要结合信息化时代的发展需求，对传统的财务会计流程进行优化和改进，从而才能够使其走上可持续发展的道路。本节中对财务会计流程做了基本介绍，并且分析了传统财务会计流程中存在的问题，从而基于会计信息化环境对财务会计流程的优化策略展开研究。

一直以来，财务会计都是企业经营管理的重要依据。我国的财务会计在当下时代中，呈现着飞速的发展趋势。信息时代的来临，使得企业想要获得更高的经济效益，就必须要结合各种新型的技术，对传统的财务会计流程进行优化。众所周知，对于任何企业来讲，财务会计都决定着企业的经济效益，作为一项系统性较强的工作，在展开财务会计的过程中，务必要保证各项数据信息的真实性、及时性以及准确性和完整性。社会的高速发展下，使得财务会计工作也朝着信息化的方向发展。因此，必须要对会计信息化下财务会计流程的优化展开研究，才能够为企业的发展提供保障。

一、财务会计流程的基本认识

任何企业的发展和经营，都离不开财务会计工作。我国企业行业组成的丰富性，使得财务会计的流程也与企业自身的经营方向有着一定的关联。在各个不同的企业当中，财务会计的流程存在着一定的差异。企业在经营管理的过程中，主要包含三大流程，即为业务流程、财务会计流程以及管理流程。这三者之间密切相关，互相影响和约束。财务会计作为企业展开管理的重要依据，在企业的整体发展过程中占据着核心地位，对企业的经济效益有着非常重要的影响。作为企业的核心部门，财务会计通过对业务流程所产生的各项数据信息内容进行收集和加工处理，将这些信息提供给管理部门，为企业的生产经营管理提供可靠的依据。由此可见，企业当中，财务会计是有效地连接企业业务流程和管理流程之间的重要依据。

财务会计的具体流程为：根据企业的日常生产经营活动过程当中所发生的各项业务和费用往来，以这些原始凭证为依据填写会计凭证，并将这些进行分类编制成会计账簿生成会计报表。在财务会计的基础上，企业能够及时地了解每个阶段的经营发展状况，从而为企业优化各项工作提供可靠的保障，推动企业的可持续发展。

二、我国传统财务会计流程当中存在的问题分析

（一）各个会计流程阶段之间缺乏有效的联系

我国的财务会计流程自发展以来，从最初的手工记账，逐渐转化为半手工记账的方式。在此发展的过程中，相关的会计人员们都按照严格的记账顺序来完成企业的账务资料。这种传统的财务会计流程，看似为企业提高了工作效率，实际上，各个会计账务处理环节都单独存在，无法有效地使各个会计流程阶段之间的联系更加密切，并不能够为人们及时提供相同的会计信息资料，这样一来，便阻碍了我国财务会计的更好发展。

（二）无法更加准确地体现出企业的经营管理状况

根据调查研究发现，在我国的传统财务会计流程当中，虽然可以为

企业相关业务的展开提供有关的账务信息内容，但是，由于所提供的信息内容比较局限，使得企业自身无法有效地借助这部分信息内容，来实现对企业自身经营发展状况的预测和管理，对企业自身的发展造成了影响。另外，由于传统财务会计工作所包含的信息内容不够完善，从而不能为企业的经营管理状况提供可靠的信息依据。

（三）财务会计相关数据信息无法及时更新

财务人员们在展开财务会计的各项流程过程当中，主要是根据不同业务的发生，来进行相关的账务信息登记和核算管理。这些业务之间彼此分离，企业一般要对整个会计期间的财务数据信息进行收集整理，只有等到该会计期间的业务发生之后，才能够获得完整的数据内容。但是，财务会计对及时性的要求较高，这种传统的财务会计核算管理方式，无法及时有效地对数据信息进行更新，由于企业在后期所提供的数据信息，已经失去了原有的实效性，使得信息的滞后性比较强。这样一来，企业实时地获取自身的发展经营状况的需求，也受到了传统财务会计计算流程的严重影响。在这种情况下，倘若企业进行各种决策管理使用了这些财务数据信息，有可能会给企业的决策会造成严重的误导，从而带来各种无法预测的巨大的经济损失。

（四）财务会计信息之间联系不足

由于传统财务会计中的各项会计业务核算，都是单独存在并且单独完成的，使得这些会计核算信息之间的关联性并不强。在这种财务会计核算工作下，并不能够明显地反映出业务信息之间存在的有效联系，信息的传递失去了一定的价值，无法为企业的发展提供可靠的依据。

三、基于会计信息化下财务会计流程的优化策略探讨

现代社会发展下，社会经济主体之间的竞争力十分激烈，财务会计作为企业发展的重要依据，想要提高企业自身的竞争力，给企业带来更

大的经济效益，就应当提高财务会计的工作效率，使其能够发挥自身价值为企业提供更加高效的信息内容。信息化技术的发展，对财务会计提出了更高的要求，只有结合信息化技术，对其进行有效的应用，优化财务会计的流程，才能够实现企业的更好发展。

（一）制定财务数据统一标准，促进彼此之间的有效关联

在现代社会当中，信息技术发展的广泛应用，能够为人们在各个方面提供一定的便利。对于企业的财务会计工作来讲，财务会计工作当中所包含的内容十分复杂，人们想要更好地实现财务会计工作的信息化管理，就应当结合信息技术，为财务数据制定统一的数据标准，使财务会计的各个流程以及数据核算之间的联系更加密切。在该环节中，务必要保证所输入的数据信息内容的真实性和有效性，在一定的标准基础上，实现对财务数据的科学性和规范性管理。同时，还必须要确保财务会计在输出各种凭证以及账簿、账表信息的准确性与科学性，更好地借助信息化技术来为企业的各个经营管理部门实现数据信息共享，使得财务数据信息的使用范围更加广泛，使用效率更高。除此之外，也更好地为各项财务数据资料的保存提供保障。

（二）对财务会计核算流程进行简化

传统的财务会计核算流程比较复杂，各种核算项目都必须要在人工操作下才能够完成。这种复杂的核算流程，同时也增加了数据核算失误的现象。在信息技术的支持下，可以借助信息技术功能将财务会计以及相关业务之间进行有效的联系，使得财务会计能够直接性地获得企业业务发生所产生的数据信息。这样一来，不仅节省了人工成本，提高了企业财务会计核算的工作效率，也更加能够减少和避免人为所产生的各项误差，有效地保证了企业财务会计各项数据信息的准确性。当企业在生产经营活动过程中发生业务的时候，业务部门经过确认和核对之后，确保数据信息无误，便可以将其上传在数据库当中，为企业的财务管理部门提供准确及时高效的数据信息，在财务软件的基础上，对这些数据信息进行专业的处理，生

成相应的财务账表。该流程十分简单，极大地缩短了企业处理财务会计工作的各项成本，使企业能够在现代社会中的更好发展。

（三）促进企业各项信息之间的密切联系，提高实时控制策略

传统的财务会计工作中，各项数据信息之间的联系不足，使得企业无法更好地控制和管理自身的经营决策发展。因此，在会计信息化环境下，要确保各项数据信息之间的关联，最初对数据信息进行录入的时候，要设定好数据之间的逻辑关系，相关的财务工作人员，要对这些数据信息进行有效的控制。财务会计工作中，会计人员不仅要对这些数据信息进行处理和核算，同时，要掌握这些数据信息的来源，以及企业自身在经营活动过程中的发展状况。当企业中发生各种经济业务的时候，对于经济业务发生的准确性，财务会计人员可以凭借自身的经验以及专业技能，对该经济业务进行有效的判断。在此基础上，便能够为企业的可持续发展来提供更加准确的决策依据，为企业的更好发展带来安全可靠的保障。

（四）提高对财务管理软件的应用效率

随着互联网科学技术的发展以及广泛的应用，在信息技术的支持下，人们加大了对各种技术的研究力度，为各个行业都带来了非常大的便利。财务管理软件在信息技术的发展下，也得到了很大的改善和提升。企业应当提高对各种财务管理软件的应用效率，有效地借助这些财务软件，实施对企业各项经营活动，以及业务发生的判断和控制，避免各种财务风险的出现。比如，对企业中存在的各项往来账款账务信息，可以设定功能提醒，设定明确的责任人，对这些应收应付款项进行统计，提高企业的账务处理效率，减少各项坏账损失状况的发生。

综上所述，财务会计对于企业自身的经营管理有着至关重要的影响，作为企业发展的核心工作，财务会计的工作流程，对其工作效率和工作质量，有着一定的决定性。在我国传统的财务会计流程下，企业无法对经营管理全过程的各项数据信息进行有效的掌握，而且，随着现代社会

的发展，企业想要提高自身的影响力，就要结合新时代和新科技，对财务会计流程进行优化。在会计信息化环境下，企业的财务会计流程得到了有效的简化，可以为企业展开各项业务的管理做好全面的准备，同时也为企业制定决策提供了准确的数据依据。

第四节　财务会计管理会计信息化融合

随着科技进步、信息化手段的更新迭代以及大数据治理理念的提出，企业的经营管理活动呈现出了更多的形式及方法，以往限于数据精度、深度、难度的问题得到了有效地解决，人们逐渐从烦琐的基础工作领域解放，开始有了更多时间、工具去思考数据背后的“真相”并加以利用。财务信息管理是企业的经营管理非常关键的一部分，企业财务信息管理的好坏对企业最基本的经营管理效果的好坏影响深远。以往的财务会计的工作主要是以核算为主，但是这种模式已经不能适应现在企业发展的需求。因此必须对传统的财务会计信息工作进行管理与创新改革。相比较于传统的财务会计管理工作，管理会计是一种从企业战略发展的层面对企业财务信息处理进行深度处理、分析、应对的能为企业经营管理和战略发展提供更多决策依据的一种财务手段。

一、企业中管理和财务会计的差异以及联系

（一）管理和财务会计之间的差异

管理和财务会计之间存在较大差异，具体表现在以下几个方面：一是作用上的差异。前者是对企业生产经营状况进行核算并以可计量的形式进行反馈，而后者是在前者的基础上进行加工、提炼、分析实现财务信息的深度利用。两者之间的职能差异，在一定程度上导致了作用的差异。二是原则上的区别，前者是企业内部管控，其管理更多的是基于企业内部要求以及制度规范；而后者需要严格遵循国家要求。三是方法上的区别，前者无固定模式，企业的生产经营活动在运行的过程中具有较高的灵活性；后者具有严格的运行过程，不可随意变动。四是对工作人

员的素质要求，前者对工作人员的要求更高，要求工作人员对企业内外部环境有一定程度的认知，并且具有知识之间较强的分析联系能力；后者着重于制度、规范的熟悉程度。

（二）管理和财务会计之间的联系

从第一点中我们得知两者之间具有较大的差异，并且有着独立的工作职能。但是两者之间也存在密切的关系，互相联系不可分割，在功能上，两者的根本目的都在于提升企业的经济效益，功能上的联系主要表现在此：在核算对象上，两者大体上都是以企业运营过程中产生的收支结算为主要的对象进行核算，管理会计着重于在收支的基础上进行管控；财务管理是在收支的基础上计算企业的盈利和亏损；在信息来源上，两者都需要对企业日常经营管理过程中的初始信息进行处理运算。

二、财务会计和管理会计融合的重要性

财务会计与管理会计的融合有助于企业内部长久稳定发展。企业单纯依靠财务会计所反馈的情况无法准确得出真实的运营情况，如果不能利用管理会计来正确科学分析公司的财务会计，那么企业在通往持续发展的路上则缺少导向标。二者融合，不但可以清晰地反馈出企业发展方向，而且能够开拓财务会计与管理会计人员的眼界，进而给公司财务工作营造出良好的氛围，培养出会计人员全面发展的理念，给企业制定出准确的发展方向，进一步提高企业内部管理效率。财务会计与管理会计的融合还可以有效的分析公司产品的具体盈亏情况，经过分析盈利情况，对公司产品市场分布结构、生产工艺流程进行优化，全面推进公司财务可持续发展，提高企业的核心竞争力。

三、财务会计与管理会计融合的基础

（一）树立融合意识，细化基础工作

一是企业管理者要提高对会计融合的重视程度，提升管理会计在企业决策中的作用，使得企业管理层面的信息得以有效利用，从而有效实现其调控目标。二是基础数据的收集工作有待加强，采用科学有效的方法，做好基础数据收集的工作。基础数据的收集工作的完善，为两者的融合提供了强有力的支撑。三是会计基础工作有待强化，企业需要优化财务资料的整合，从而为两者的融合提供基础。四是信息技术的合理利用，科技水平的提高，使得在会计行业的工作过程中，信息技术发挥了巨大的作用。借助数据管理系统，利用信息技术对企业信息进行归档整理，使两者得以协调有效合作。

（二）建立完善的会计制度

企业要根据公司的实际发展情况，建立完善的会计制度。传统的财务管理模式更突出核算职能，这已经不能顺应企业管理升级的需要。企业要逐步转变财务管理的职能，从重核算转变为重管理、重分析、管业务，逐步建立业务内嵌财务的管理制度与流程，利用财务会计与管理会计的融合实现对企业财务的良好管理目标，服务企业发展战略。

（三）加强会计人才的培养

第一，培养复合型人才，管理会计不仅要具备非常娴熟的业务能力，还需要具有较强的管理能力。第二，加强与高等院校之间的联系，从市场以及企业的需要来优化会计专业的教学内容，为企业输送更多应用型的人才。第三，企业内部培训当中，要充分掌握工作人员的知识与技能水平，针对性的展开培训，增强培训工作应用效果。第四，重视对会计人员的专业培训及综合素质，提高会计人员的职业道德素养，避免出现泄漏信息等现象。

（四）加强信息技术应用

信息技术的快速发展给财务会计与管理会计的融合带来了有利的条件，大大提高了企业财务管理的工作效率，还把财务会计与管理会计的数据与信息共享提升到更高的层次上。企业建立起信息目录来快速处理以及分解各种信息，设计出数据库以及管理系统模块，尽快地整合起财务会计与管理会计融合的信息系统资源，直接与企业资源规划系统对接，有利于企业各部门及时获得财务状况以及业绩。企业要加强对计算机技术的应用，设置局域网，充分应用网络在线数据采集以及通信技术，来良好有效地收集传递财务会计与管理会计两者的原始信息数据，确保数据信息的真实全面性。另外，管理人员还可以根据企业具体情况设置有关财务信息的权限。

在现在计算机网络迅速发展的情况下，借助于计算机信息技术能够使得会计的管理职能充分得到应用，从发展的趋势来看，财务会计与管理会计将会是会计工作之中不可取代的一部分。当然，财务会计与管理会计融合并不是一蹴而就的，企业应该加强对其融合的路径探究，及时改善其中出现的问题，从而更大限度的为企业生产经营管理做出服务。

第七章　企业财务与会计信息系统维护

第一节　系统维护概述

系统维护是软件生命周期法的最后阶段，也是延续时间最长、费用投入最大的阶段。系统维护是指为了保证系统能正常工作，适应系统内、外部环境和其他相关因素的变化而采取的有关活动。系统维护的内容主要有系统软件维护、数据维护、代码维护、设备维护等。

系统维护的目的如下：

（1）维持系统的正常运行。系统正常运行工作包括数据收集、整理、录入，机器运行的操作，处理结果的整理和分发，系统的管理和有关硬件维护，机房管理，空调设备管理，用户服务等。

（2）记录系统运行状况。这是科学管理的基础，包括及时、准确、完整地记录系统的运行状况、处理效率、意外情况的发生及处理等。它是进行系统评价的基础。

（3）有计划、有组织地对系统做必要修改。系统修改的起因是多方面的，主要包括管理方式、方法及策略的改变；上级的命令、要求；系统运行中出错；用户提出的改进要求；先进技术的出现等。对系统的任何修改都必须非常小心谨慎，有计划、有步骤地执行。

（4）定期或不定期地对系统运行情况回顾与评价。所谓财务与会计信息系统维护，主要是指对财务与会计信息系统软件和硬件系统的修正改造工作。通过系统维护，改正系统存在的错误或不足，完善系统的功能，使系统适应新的环境，保证系统正常运行。

系统维护工作是一项极其重要的工作。这是因为财务与会计信息系统是一个比较复杂的系统，当系统内、外部环境发生变化时，系统要能适应各种人为、机器的因素的影响；当用户在使用过程中遇到一些以前没有发生过的问题，不断提出新的要求和建议时，系统要能通过二次开发予以满足[①]。

系统维护工作也是一项经常性的工作。维护的工作量在财务与会计信息系统工作中所占比率很大，与此相应的是，系统维护费用也很高。财务与会计信息系统的应用对象总是处于动态的变化之中，无论财务与会计信息系统设计得如何周密、完善，在实施和运行期间必然会产生偏差。因此，财务与会计信息系统维护工作伴随着财务与会计信息系统的诞生而产生、发展，直到生命期的终结。具体地说，导致财务与会计信息系统维护工作的原因主要来自以下几个方面：

（1）会计制度、法规的变更。

（2）企业管理方式、方法的改变。

（3）会计处理过程 / 程序的变化。

（4）用户需求的不断增加。

（5）计算机软、硬件系统的更新换代。

（6）原系统设计的某些不完善或错误。

因此，财务与会计信息系统的维护包括：软件维护、硬件维护和使用维护等。依据软件维护目的的不同，软件维护可分为：

（1）纠错性维护。即排除软件在运行中显露出的错误。

（2）适应性维护。即为适应外界环境变化而进行的修改。

（3）完善性维护。即为扩充功能或完善性能而进行的修改，如增加打印新的分析报表，改进数据组织或处理方法，缩短某个处理的等待时间等。

依据软件维护的对象不同，软件维护还可分为：

（1）应用软件的维护。若处理的业务、数据或信息量等发生变化，则会引起应用软件的变化。应用软件的维护是系统维护最重要的内容。

（2）数据文件的维护。系统的业务处理对数据的需求是不断变化的，数据文件也要适应变化的情况，进行适当的修改，增加新的内容或新文件。

① 刘淑华.应用型财务管理人才培养目标及课程体系设置研究[J].内蒙古财经学院学报：综合版，2007，5（04）：46-48.

硬件维护指对计算机主机及其外部设备的保养，发生故障时的修复和为适应会计电算化软件的运行而进行的硬件调整等。

使用维护包括初始化维护、系统环境维护、意外事故维护、计算机病毒的防治等。本章主要介绍财务与会计信息系统的使用维护，运用信息管理系统的观点，从系统转换与初始化、操作权限、系统运行、备份与恢复、计算机病毒防治及防火墙的建立等七个方面讲述财务与会计信息系统维护的主要内容。

第二节 系统的转换与初始化

一、系统转换

系统转换是指将现行会计信息系统向新的会计电算化信息系统转变的过程。当财务与会计信息系统通过严格的测试后，就进入系统转换过程。系统转换时需将现行会计信息系统的文件转换到新系统中去；对已调试好的新系统加载，准备试运行或运行；把有关资料、使用操作和系统控制权正式移交给用户。

系统转换的最终形式是将财务与会计信息系统的全部控制和使用权移交给终端用户。系统转换的主要内容包括：组织机构、人员、设备、处理方式等。一般而言，系统的转换有并行方式、直接方式、试运行方式、分段方式等四种。

（一）并行方式

此方式是指原会计系统和财务与会计信息系统并行运行，在财务与会计信息系统全部投入使用后的一段时间内，原会计信息系统继续运行一段时间，待运行成功后再进行切换。并行方式耗费虽大，却十分安全稳妥。财政部要求，会计电算化系统全部替换原会计系统，会计应用软件要通过评审，并与原会计系统并行运行 3 ~ 6 个月，并保存完整的与原会计处理相一致的会计业务数据。因此实务中多采用并行转换方式。

（二）直接方式

此方式选择一适当的时刻正式启动新系统，与此同时，现行会计信息系统停止运行，直接用新的会计电算化系统全面替换手工系统。显然，直接方式的耗费最小，但风险最大。该方式适用于经过较长时间考验、成功把握较大的情况，而不适合重要系统的转换。会计电算化系统若选用直接方式进行系统转换，要准备应急措施，以保证系统转换工作的顺利进行。

（三）试运行方式

将财务与会计信息系统的主要功能与原会计系统并行试运行，直至试运行满意后，才将整个财务与会计信息系统直接投入运行，以替换原会计系统。

（四）分段方式

此方式是指分期分批逐步以财务与会计信息系统替代原会计系统，即当新系统的一部分经过一段时间运行并成功以后，再转换该部分现行系统。这种转换方式必须事先考虑好各部分之间的接口，当新系统与现行会计信息系统之间的差别太大时不宜采用。

显然，试运行方式和分段方式是基于耗费与风险的权衡而采取的一种折中的方式。

二、初始化

财务与会计信息系统的初始化工作是指用户根据本单位的具体情况，为会计电算化软件系统设置相应运行环境的工作。通过初始化设置，确定本单位的会计核算规则、方法和基础数据，将一个通用软件转化为适合本单位具体情况的专用软件。初始化工作质量的高低，直接影响着会计电算化软件运行状况的好坏。初始化工作主要包括以下内容：

（一）账套设置

所谓账套设置，就是用户依自己的需要建立独立的核算单位。为一个独立核算单位建立的一套独立的账簿体系，称为一个账套。对于一个企业集团，可为各独立核算单位定义若干个账套，组成一个完整的会计核算体系。每个账套均可独立进行科目代码设置、记账凭证输入、记账、结账、报表编制、银行对账等各种功能。设置账套是用户启用会计电算化软件所需做的第一项工作。

（二）操作员权限设置

出于系统安全和数据保密的需要，由于工作内容、岗位和职位不同，会计信息系统操作人员的权力范围也不同。如：凭证录入人员有权输入、修改凭证，但无权审核凭证，无权修改会计核算的方法，无权变更其他操作员的名称、权限；部门经理有权查询有关账表，却无权更改凭证和账表。操作员权限的设置方案必须认真设计，要从功能处理权和数据存储权两个角度来设计权限的设置方案，还要将计算机操作系统的安全机制与财务与会计信息系统的操作权限结合起来考虑，否则会给系统运行带来隐患。

（三）会计科目的设置

依据财政部颁发的会计制度及有关规定，结合本企业实际，确定并输入会计科目名称及其编码，要建立会计科目名称与科目编码的一一对应关系。凡会计制度已统一规定的科目及其编码，企业不得随意改变，但可根据实际情况自行增设、减少或合并某些科目。会计制度对一级科目进行了统一的编码，一级科目由三（四）位数字组成，其最高位的数字规定为整数 1、2、3、4、5 等五个数字，其中，数字 1 表示资产类，数字 2 表示负债类，数字 3 表示所有者权益类，数字 4 表示成本费用类，数字 5 表示损益类。编码要做到标准化、通用化，并具有一定的扩充能力，因此一般采用混合编码方式，即一级科目采用分类编码，明细科目则采用顺序编码。

（四）初始余额的输入

账户初始余额的输入，应以原会计系统的账簿为准。在此需要特别提出注意的是，如果企业财务与会计信息系统的初始化，是在年中而非年初进行，如从 8 月份开始的，那么其账户的初始余额的输入该如何处理呢？对于此种情况，可采用以下两种方法：一是直接以 7 月底的各项数据作为年初始余额输入；二是直接输入原账簿的年初始余额，同时补充输入 1 月至 7 月份的记账凭证。显然第一种方法较省力，但编制会计电子报表时，部分项目数据无法直接从财务与会计信息系统的账册中获取，如资产负债表中的年初数，损益表中的本年累计数等；第二种方法虽正规，但工作量太大。

较为折中的方案是：以现行账簿的年初数作为年初始余额输入，同时依次输入各会计科目 1 月至 7 月各月份的累计发生额。

（五）会计报表的公式定义

会计报表是在日常核算的基础上，进一步加工汇总形成，会计报表是对单位财务状况的经营成果的综合性反映。通用的商品化会计核算软件通常都提供一个功能强劲的报表生成器，通过这个报表生成器，可完成各种不同种类报表的定义与编制[①]。

会计报表中的各个数据项（表元），是用户根据报表与账表、报表与报表、报表与其他系统之间的关系而确定的。在报表生成器中，可通过报表公式定义，给出报表编制方法。定义报表编制方法的数学表示，又被称之为运算公式，即用于说明表元的数据取自哪些部门、哪些账表并通过什么运算处理而得来的。

一个公式用于定义报表中一个表元的计算或审核方法。一旦报表各表元的公式定义完毕，那么会计报表就可依据公式自动填列，只要报表各表元填列规则不变，该会计报表的定义就可反复使用。如第四章所述，商品化会计核算软件通常都提供各种取数函数供用户选择，并备有公式引导输入功能，帮助用户完成对报表公式的定义。

① 财政部会计司编写组 . 企业会计准则讲解 [M]. 北京：人民出版社，2007.

（六）凭证类型和自动转账设置

我国会计实务所用的记账凭证种类，可分为收款凭证、付款凭证、转账凭证三种记账凭证，也可分为现收、现付、银收、银付、转账五种记账凭证，或者无论收款、付款还是转账业务均只用一种记账凭证。

所谓凭证类型的设置，即指用户根据企业经营特点及管理需要，从中选一种分类方案。凭证类型一旦定义并使用，一年之内不能变动，若要修改、调整，必须等到下一年度的年初。

在转账业务中，特别在结账时，许多记账凭证是有规律、重复地出现的，这些凭证除了发生额，其他项目如摘要、供货科目、计算方法都基本不变。用户可在初始化时将该凭证的内容存入计算机，并定义为“自动转账分录”，用不同的分录号标明，凭证的借贷发生额由取数策略决定。对于设置为自动转账的业务，只要将“分录号”输入计算机，计算机就会根据事先定义的金额来源或计算方法自动填写相应金额，产生记账凭证。自动转账凭证又称为机制凭证。这些记账凭证，有的在记账时编制，有的在结账时编制。财务与会计信息系统的初始化工作除了上述这六项基本内容外，还包括非法对应科目设置、外汇汇率输入等内容，若要分部门与项目核算，还要对部门与项目信息进行设置。

第三节 财务与会计信息系统的操作权限维护

财务与会计信息系统加工、存储的是企业的重要经济数据，对这些数据的任何非法泄露、修改或删除，都可能给企业带来无可估量或无可挽回的严重损失，因此无论是对会计电算化还是对企业而言，安全保密性都是至关重要的[①]。

财务与会计信息系统的安全保密工作，通常包括对操作人员使用系统功能的权限设置，以及对操作目标的权限设置两大部分。

一、操作员的权限设置

本节关于财务与会计信息系统初始化的内容中，已介绍过所谓操作权限的设置。操作权限设置的作用，一是明确财务与会计信息系统操作员的注册姓名、代码及口令；二是明确特定的注册代码、口令的权限。

任何想进入财务与会计信息系统的用户，必须输入注册姓名、对应代码及口令，只有在三者的键入完全正确时，才能进入财务与会计信息系统，否则将被拒绝。

进入财务与会计信息系统后，用户也只能执行授权（权限）范围内的相关功能，如财务与会计信息系统中的各种账、表进行的凭证输入、记账、编制会计报表等相应操作。

二、操作目标的权限设置

操作员的操作目标，是系统中的文件，具体对财务与会计信息系统，

① 陈勇．高校财务管理规范化模式探讨 [J]. 安徽农学通报，2007，13（14）：189-190.

就是系统记录和表达经济业务数据的各个文件。操作目标的权限设置，就是指通过对不同类型的文件或目录设置适当的属性，约束或限制删除、改名、查看、写入及共享等操作，以达到保密、安全的目的。对于某个特定的操作目标，一般可进行以下几种权限设置：管理员权限、只读文件权限、写文件权限、建立新文件权限、删除文件权限、修改文件权限、查找权限、修改文件属性权限等。根据用户代码、口令级别的不同，可将以上权限，全部或部分授予用户。

文件的属性有多种，且有些还可对网络用户发生作用。在微软的 FAT 数据格式中，用于保密安全的有下列属性：

1. 只读属性

如果文件具有这种属性，则只能读取该文件，但不能修改和删除该文件的内容。因此与该属性相对的是读写属性（READ/WRITE），具有读写属性的文件可以被用户读取、写入、改名及删除。

2. 隐含属性

如果文件具有这种属性，则文件在对文件名列表时不显示出来，因此不知道该文件的名字的用户，就不能感知该文件的存在。

3. 系统属性

与隐含属性相似，如果文件具有系统属性，即为系统文件，则其不在列表清单中显示出来。这样，可防止文件被删除或被拷贝。

以上各类权限既可单独使用，也可配合使用，在实际中，通常是配合使用。配合使用时需注意的是：文件属性保密性优先于用户等效权限。以只读属性为例，如果文件是只读文件，则不论用户等效权限如何，用户对该文件只能读，不能写、换名和删除。

在网络化的财务与会计信息系统应用中，以上诸属性尚达不到系统安全的目的，应当使用微软的 NTFS 数据格式，或其他安全级别更高的操作系统。

第四节　财务与会计信息系统运行维护

财务与会计信息系统运行维护，主要是指为保证系统正常运行而对系统运行环境进行的一系列常规工作或措施，包括外界的物理环境及系统内部环境。

一、系统运行环境维护

财务与会计信息系统可靠运行，首先必须要有良好的外界环境。由于人们对不良环境可能对计算机系统造成的危害认识不足，当计算机发生物理损坏、程序出错、数据丢失、输出结果莫名其妙时，这就需要从计算机运行环境的外界环境方面找问题。

（一）外界环境的影响因素

计算机所处外界环境的好坏主要取决于供电电源、温度、静电、尘埃四大因素。

1. 供电电源

计算机对供电质量和供电连续性要求很严，它要求连续的、稳定的、无干扰的供电，俗称“清洁”电源，若直接使用普通的工业供电系统给计算机系统供电，则存在以下三个主要问题：

（1）供电线路环境噪声。输电网的电力调节、电力设备的启停、闪电、暴雨等均可产生电噪声干扰和瞬变干扰。据美国的统计数字，这类干扰占典型供电环境的 90%，而计算机 50% 的错误是由这类干扰所引起的，它轻则使程序出错、数据丢失，重则能击穿计算机的芯片，使机器损坏。

（2）电压波动。电压波动既可以是瞬间波动，也可以是较长时间的过压或欠压供电。如照明灯的忽明忽暗，就是电压波动的表现。无论是瞬间波动或过压、欠压供电，都会对计算机产生“冲击电压”或“浪涌电压”，使计算机出错或损坏。

（3）停电。停电既可以是供电停止，也可以是瞬间断电。所谓瞬间断电，从宏观上看，供电并未停止，只是在某一瞬间，即在几个毫秒内断了电，然后又马上恢复了。对于瞬间断电，人们往往不熟悉，也不易察觉，计算机对此却十分敏感。无论是突然停止供电还是瞬间断电，都会产生严重的后果，甚至有可能损坏或损伤硬盘。

2. 环境温度

不良的环境温度会严重损害计算机的存储器和逻辑电路，加速电子元件的老化。因此，一般计算机禁止在低于 5℃或高于 35℃的温度下使用或存放。经验表明，温度过高就会大大增加存储器丢失数据和使计算机发生逻辑错误的概率。过低或过高的温度还可能会使硬盘“划盘”，使硬盘遭受损坏。

3. 静电

积累在物体身上的静电荷，会对计算机造成严重破坏。人们在地毯上行走可产生高于 1.2 万伏的静电，在正常温度范围内，即使是在乙烯醛地板上走动也可产生 4000 伏静电。已得到证实的是，仅仅 40 伏的静电就可使微机产生错误。静电与湿度有密切的关系，如果室内相对湿度低于 40%，静电的危险性就大为增加；如果湿度高于 60%，凝聚的危险增加，引起电接触不良甚至腐蚀，或引起电子器件短路。

4. 尘埃

灰尘不仅是软盘和磁头的大敌，而且也是其他计算机设备的大敌。

（二）外界环境的改善与维护

为改善、维护外界环境，一般应建设专用机房并安装空调，保持室内清洁和适当的湿度，有条件的还应装防静电地板。对于供电电源，必须做到以下几点：

（1）采用专用干线供电，线路上不安装其他大型用电设备；

（2）计算机应接入同一供电线路或电源，并统一接地，以减少电源相位差所产生的噪声；

（3）各台计算机与终端应装上分开关，以减少使用统一开关所产生的浪涌电压；

（4）在电源后面安装具有滤波和隔离功能的电源稳压器，以抑制瞬变干扰、冲击电压、浪涌电压的危害，使电压得到稳定；

（5）在稳压电源后面接入不间断电源（UPS），以保证突然断电时有充足时间采取必要的防护措施。

二、系统内部环境维护

所谓内部环境，是指财务与会计信息系统运行的软、硬件环境，如果软、硬件环境不能满足要求或不匹配，系统也不能正常运行。

（一）硬件维护

对企业而言，硬件维护的主要工作，是在系统运行过程中出现硬件故障时，及时进行故障分析，并做好检查记录，在设备需要更新、扩充、修复时，由系统管理员与维护人员共同研究决定，并由维护人员安装和调试。系统硬件的一些简单的日常维护工作通常由软件维护人员兼任，主要工作则由硬件销售商负责。以下是企业中较常见的硬件日常维护工作：

1. 硬盘、内存的有关维护

会计电算化软件正常安装、运行需要较多的存储空间，即需要足够大的硬盘空间。在将会计电算化软件安装到硬盘上之前，要检查并清除硬盘上的病毒、删除硬盘上不需要的文件、目录（或文件类），重整硬盘文件；其次，在会计电算化软件日常运行时，可通过删除硬盘上保存的已备份过的以前年份的数据来缓解硬盘空间的紧张形势。可通过关闭一些任务的窗口来释放内存空间。在微软的WINDOWS操作系统系列产品中，要定期对其注册表进行维护，以提高系统的工作效率。

2. 打印机、显示器的有关维护

财务与会计信息系统运行中，经常需要对记账凭证、日记账、报表等进行查询和打印。查询结果需要通过显示器和打印机输出。每一种类型的显示器和打印机都有各自的驱动方式。目前，计算机的外部设备大多具有即插即用和热插拔的能力，但对于一些较陈旧的设备，或是比财务与会计信息系统所用操作系统版本更新的设备，系统就不能自动地正确识别。因此，会计电算化软件要正常运行，必须选择与之相适配的显示、打印驱动程序。

（二）软件维护

财务与会计信息系统投入运行后，可能需要对系统的功能进行一些改进，这就是软件维护工作。软件维护与数据维护是系统生命周期的最后一个阶段，工作量最大，时间也最长。对于使用商品化会计核算软件的企业，软件维护主要由会计软件公司负责，企业只负责操作与数据维护。财务与会计信息系统数据维护的目的，是使系统的数据映像能够准确地反映企业资金的历史状态、运行状态与现时状态。对于自行开发会计核算软件的企业，需设置专职系统维护员，负责系统的软、硬件维护工作。软件维护主要包括以下内容。

1. 正确性维护

旨在诊断和改正使用过程中发现的程序错误。

2. 适应性维护

是配合计算机科学技术的发展和会计准则的变更而进行的修改设置活动。如：会计软件的版本升级、会计年度初始化、月初始化工作等。

3. 完善性维护

为满足用户提出的增加新功能或改进现有功能的要求，对软件进行的修改。相当多的企业，受财力、人力所限，最初只在会计核算方面实现了电算化，使用一段时间后，人们往往希望将会计电算化范围扩展至会计计划、会计分析、会计决策等方面，这时就必须对原会计电算化软件进行修改和完善[①]。

4. 预防性维护

为给未来的改进奠定更好的基础而修改软件。决定软件可维护性的主要因素是软件的可理解性、可测试性和可修改性。因为在系统维护前只有理解需维护的对象才能对之进行修改；在修改后，只有进行了充分测试，才能确保修改的正确。因此，在系统开发、维护过程中，要保留完整、详细的文档资料。对于商品化会计软件来说，其应用系统的操作功能维护比较困难，一般应由软件生产商来进行。如果对现有系统的维护费用已超出或接近重新开发一个新系统时，就应报废现有系统，重新开发一个新系统。

① 蒋占华 . 最新管理会计学 [M]. 北京：中国财政经济出版社，2014.

第五节　数据的备份与恢复

通用会计软件系统能直接在硬盘上存储会计数据。在计算机系统中，数据是为各种应用提供服务的基础，甚至可以说，数据是比计算机设备本身还宝贵的资源。用户最关心的问题之一，就是他们的数据是否安全；当系统数据因事故而丢失、破坏或被修改时，是否有办法恢复。备份的目的是为了防止发生意外事故。意外事故不可能经常发生，因此我们使用备份数据的频率并不是很高。正因为意外事故发生的频率不高，因而往往使人们忽略了数据备份工作。本节将分别讨论如何防止硬盘数据的丢失，以及讨论恢复磁盘丢失数据的策略。

一、数据备份

数据备份的目的是为了防止发生意外事故。通常，数据备份是增加数据可用性的基本方法，通过把重要的数据拷贝到其他物理位置，如软盘、磁带、可拆卸磁盘、光盘等存储介质。当数据遭到意外损坏或者丢失时，再从所复制的位置把数据恢复到需要的地方。

根据不同的命题，可以对各种备份方法进行分类：

（1）按照备份数据的具体方法分类，有全量备份、增量备份和差量备份；

（2）根据备份时间的不同，可分为即时备份、定时（计划）备份和自动备份；

（3）按照备份过程和系统运行的关系，可分为冷备份和热备份；

（4）根据备份对象的不同，可分为文件备份和映像备份；

（5）根据存储介质的不同，可分为磁带备份、磁盘备份、光盘备份；

（6）根据备份数据的物理位置，可分为本地备份、局域网备份、远程备份、异地备份。

如上所述，有全量备份、增量备份、差量备份三种备份解决方案可供选择。全量备份就是每次都用一盘磁带对整个系统进行完全备份，包括系统和数据。增量备份就是每次备份的数据只是相对于上一次备份后新增加的和修改过的数据。差量备份是每次备份的数据都是相对于上一次全量备份之后增加的和修改过的数据。

制作数据备份的周期不能太长，一般最长不能超过一个月，对重要的数据需要每天备份，这样备份数据就尽可能地反映系统的最新状态。财务与会计信息系统工作时，在重要业务处理结束时、会计分期终了进行结账前、删除硬盘上的历史数据之前，都必须做数据备份。应制作 A、B 两组备份，并将 A、B 两组备份存放在相隔较远的不同建筑物内，防止火灾等自然灾害的发生使数据备份全部被破坏。备份数据的保存地点应防磁、防火、防潮、防尘、防盗、防霉烂。应采用一些专用设备来保证存储介质的完好，免受灰尘、高温、高湿、磁场、碰撞等因素的损害。

对于一些重要的会计数据，如记账凭证，现金及银行存款日记账、总账，要按规定作硬拷贝备份（打印输出）并存档。

二、数据恢复

将备份数据复制到硬盘上的指定目录下，使系统还原到原有状态或最近状态，就是数据恢复。备份技术本身不仅仅是拷贝数据，更为重要的是解决何时、何地，采用何种方式拷贝何种数据到何种设备上，以及如何恢复等问题。

使用全量备份方式，当事故发生时，只要用一份灾难发生前一次的数据备份就可以恢复丢失的数据。然而，由于每次都对系统进行完全备份，在备份数据中有大量重复的数据，如操作系统与应用程序。

使用增量备份方式，节省了存储空间，又缩短了备份时间。但当发生灾难时，恢复数据比较麻烦，必须首先找出上次的那盘完全备份磁带进行系统恢复，然后再找出以后各次的增量备份介质，依此进行恢复[①]。这种备份的可靠性也最差，各份备份介质间的数据关系一环套一环，任何一份备份介质出现问题，都会导致恢复失败。

使用差量备份方式时，避免了上述两种备份策略的缺陷，系统恢复时，只需要一份灾难发生前一次的全量数据备份与灾难发生前一次的差量备份就可以将系统恢复。

拥有数据备份设备，仅仅为我们的数据保护工作提供了必要的物质基础，真正能够使之发挥效能的还在于完善的数据备份管理策略。备份的核心问题是对数据的管理，可管理性是备份中一个很重要的因素，因为可管理性与备份的可靠性紧密相关。如果一种技术不能提供自动化方案，那么它就不能算最好的备份技术。

数据备份系统是一个较为专业的领域，应选择售后服务能力强的备份设备供应商和专业服务商作为合作伙伴。专业知识和经验是设备供应商和专业服务商做好售后服务的重要保障。

值得注意的是，在对系统数据进行恢复之前，必须首先将会计应用系统中的数据进行备份，以保存最新数据，避免在数据恢复过程中，错把应用系统中的最新数据蜕变成备份介质上的旧数据。通常只允许少数经特定授权的系统维护人员使用数据恢复功能。

① 欧阳征，陈博宇，邓单月．大数据时代下企业财务管理的创新研究[J].企业技术开发，2015，34（10）：83-85.

第六节 计算机系统与网络安全维护

影响计算机系统与网络安全的因素很多，有的来自系统内部，有的来自系统外部。本节主要讨论来自外部的影响因素。来自系统外部的安全隐患，主要有计算机病毒和黑客的攻击。

一、计算机病毒的防治

所谓计算机病毒是指编制或者在计算机程序中插入的破坏计算机功能或者毁坏数据，影响计算机使用，并能自我复制的一组指令或者程序代码。

计算机病毒一般具有以下重要特点：

（一）计算机病毒是一个指令序列

计算机病毒是程序，但不是一个完整的程序，而是寄生在其他可执行的目标程序上的一段可执行码。

（二）计算机病毒具有传染性

一个计算机病毒能够主动地将其自身的复制品或变种传染到其他对象上，这些对象可以是一个程序，也可以是系统中的某些部位，如系统的引导记录等。

（三）计算机病毒具有欺骗性

计算机病毒寄生在其他对象上，当加载被感染的对象时，病毒即侵入系统。计算机病毒是在非授权的情况下具有一定欺骗性而被加载的，此即“特洛伊木马”特征。

（四）计算机病毒具有危害性

计算机病毒的危害性又称破坏性，包括：破坏系统，删除、修改或泄露数据，占用系统资源，干扰系统正常运行等。此外，计算机病毒一般都比较精巧、隐蔽和顽固。计算机病毒侵入系统后一般并不立即发作，而是经过一段时间，满足一定条件后才发生作用，这就为其自我繁殖和破坏争取了时间。

目前，理论上并不存在一种能自动判别系统是否感染病毒的方法，以下是一些计算机病毒发作时的常见现象：

（1）操作系统无法正常启动，数据丢失；

（2）能正常运行的软件发生内存不足的错误；

（3）通信和打印发生异常；

（4）无意中要求对可移动存储器进行写操作；

（5）系统文件的时间、日期、大小发生变化，文件目录发生混乱；

（6）系统文件或部分文档丢失或被破坏；

（7）部分文档自动加密码；

（8）磁盘空间迅速减小，运行速度明显变慢；

（9）网络驱动器卷或共享目录无法调用；

（10）屏幕出现一些不相干的信息；

（11）自动发送电子函件；

（12）使主板 BIOS 可实现软件升级的程序混乱，主板被破坏；

（13）出现陌生人发来的电子函件；

（14）网络瘫痪，无法提供正常的服务。

为了加强对计算机病毒的预防和治理，保护计算机信息系统安全，保障计算机的正常应用与发展，根据《中华人民共和国计算机信息系统安全保护条例》的规定，公安部制定了《计算机病毒防治管理办法》。在《计算机病毒防治管理办法》中指出，计算机信息系统的使用单位在计算机病毒防治工作中应当履行下列职责：

（1）建立本单位的计算机病毒防治管理制度；

（2）采取计算机病毒安全技术防治措施；

（3）对本单位计算机信息系统使用人员进行计算机病毒防治教育和培训；

（4）及时检测、清除计算机信息系统中的计算机病毒，并备有检测、清除的记录；

（5）使用具有计算机信息系统安全专用产品销售许可证的计算机病毒防治产品；

（6）对因计算机病毒引起的计算机信息系统瘫痪、程序和数据严重破坏等重大事故及时向公安机关报告，并保护现场。

《计算机病毒防治管理办法》还指出：任何单位和个人在从计算机信息网络上下载程序、数据或者购置、维修、借入计算机设备时，应当进行计算机病毒检测。任何单位和个人销售、附赠的计算机病毒防治产品，应当具有计算机信息系统安全专用产品销售许可证，并贴有“销售许可”标记。从事计算机设备或者媒体生产、销售、出租、维修行业的单位和个人，应当对计算机设备或者媒体进行计算机病毒检测、清除工作，并备有检测、清除的记录。

计算机病毒对信息安全提出了巨大的挑战，特别是近年来，计算机病毒的技术越来越高明，并朝着更好地对抗反病毒软件、更好地隐蔽自身的方向发展。计算机病毒采用的新技术有对抗特征码技术、对抗覆盖法技术、对抗驻留式软件技术、对抗常规查毒技术和其他技术。为了对抗这些日益发展的新型病毒，反病毒软件也必须采用新的技术。目前较为实用的有特征码过滤技术、免疫技术、自身加密的开放式反病毒数据库技术和虚拟机技术等。

对于计算机病毒的防范，一是要在思想上重视、管理上到位，二是依靠防杀计算机病毒软件。必须通过建立合理的计算机病毒防范体系和制度，及时发现计算机病毒侵入，并采取有效手段阻止计算机病毒的传播和破坏，恢复受影响的计算机系统和数据。从加强系统管理入手，制定出切实可行的管理措施，主要包括下面内容：

（1）安装病毒检测软件，对计算机系统做实时监控和例行检查；

（2）控制可移动存储器的流动，慎用不知底细的软件；

（3）用户的权限和文件的读写属性要加以控制；

（4）尽量不要直接在服务器上运行各类应用程序；

（5）服务器必须在物理上绝对安全，不能有任何非法用户能够接触到该服务器；

（6）在互联网接入口处安装防火墙式防杀计算机病毒产品；

（7）安装数据保护设备，如硬盘保护卡和加密控制器，保证系统软件和重要数据不被未经授权地修改；

（8）在外网单独设立一台服务器，安装服务器版的网络防杀计算机病毒软件，并对整个网络进行实时监控；

（9）建立严格的规章制度和操作规范，定期检查各防范点的工作状态。

对于当前的病毒威胁而言，最好是采用主动病毒防护系统，为网络提供始终处于活动状态、可以实时升级的防病毒软件。当新的病毒出现时，该系统会立即自动对防病毒软件进行升级。

二、计算机网络安全维护

随着计算机互联网的发展，会计软件的运行环境也从单机系统发展到局域网和互联网。但无论是企业单位或政府部门，只要将计算机系统接入互联网，就会感受到来自网络安全方面的威胁，就有可能遭受来自网络另一端的人为的恶意攻击。这些来自外部的攻击有可能使正常运行的系统遭受破坏；有可能窃取企业单位的机密数据；有可能仅仅是某些高手们的恶作剧。据统计，平均每数秒就会有一个网站遭到入侵。

系统防范与非法入侵是一对不断斗争的矛盾双方，目前还没有哪一个系统能够十分有把握地宣称可杜绝入侵，就连大名鼎鼎的软件帝国微软公司的电脑系统，也在 2000 年 10 月被神秘的黑客攻破。随着电子商务热和大型网站被攻击而引起的安全热潮，人们把信息安全推向了计算机应用的前沿。

为了财务与会计信息系统的安全，并且使其能在电子商务活动中支持正常的经济业务和贸易，必须给企业网络系统构筑安全防线。为保证系统安全，需在网络系统安装适当的防火墙产品①。

财务与会计信息系统的管理员应该在安全检测、网络安全监控、链路加密、网页恢复等方面进行系统维护工作。具体的工作可以在事故发生的事前、事中和事后三个阶段进行控制。

事前阶段可使用网络安全漏洞扫描技术，对网络进行预防性检查，及时发现问题，可以模拟黑客的进攻，对受检系统进行安全漏洞和隐患检测；事中阶段的目标是尽可能早地发现事故苗头，及时中止事态的发展，将事故的损失降低到最小；事后阶段要研究事故的起因，评估损失，追查责任，进行多层次、多方位、多手段的电子数据取证，以追查事故源头。

随着互联网的发展和应用的深入，黑客入侵事件变得越来越频繁，仅仅依靠传统的操作系统加固、防火墙隔离等静态安全防御技术已经远远无法满足现有网络安全的需要。入侵检测系统（IDS）是近年来发展起来的动态安全防范技术，IDS 通过对计算机网络或系统中的若干关键点信息的收集与分析，从中发现是否有违反安全策略的行为和被攻击的迹象。这是一种集检测、记录、报警、响应于一体的动态安全技术，不仅能检测来自外部的入侵行为，同时也可监督内部用户的未授权活动。

① 魏洁 . 基于业务技能培养的财务管理课程教学改革的探讨 [J]. 邢台学院学报，2014，3（9）：155-157.

第七节　财务与会计信息系统的二次开发

根据不断变化着的市场及企业内部管理的需求，企业亟须得到各种各样的、大量的、全方位的信息，特别是有关经济业务的信息，以对这些信息进行分析，为管理决策服务。财务与会计信息系统在其开发时，虽然考虑到使系统尽量满足用户的需求，但针对用户的特殊要求，以及企业内部与外部的条件和环境的变化，往往需要对会计电算化软件进行二次开发。

若企业的会计软件是通过自行开发或委托开发而为本单位定制的系统，一般对其进行的二次开发最好由系统的原班开发人员来完成。但是在这种情况下，往往不易区分软件的维护工作与二次开发工作的界限。

对于商品化会计核算软件而言，为了方便用户的使用，提高会计核算软件的生命力，商品化会计核算软件在其推出之时，就十分重视最终用户对该产品二次开发的需求，并为此提供了若干二次开发的接口。由于商品化软件往往只提供可执行的二进制代码，因此对其数据处理部分进行二次开发比较困难。为了使软件的功能满足不断地发展和变化着的管理工作的需要，可以采取对软件产品的版本进行升级的方法来达到二次开发的目的。商品化会计核算软件主要提供了数据输入与数据输出两个方面的二次开发接口。

一、数据输入的二次开发

为了严格地执行会计核算制度，商品化会计核算软件的数据输入设计对操作的控制十分严格，其软件产品提供的输入界面与数据（记账凭证）输入的内部程序控制关系一般不允许用户自行修改。在商品化会计核算软件中，为了接收系统外部数据的输入，例如接收来自材料核算子系统、固定资产核算子系统、成本核算子系统、工资核算子系统、产品及销售子系统转入的机制凭证，以及数据的远程录入，软件产品中一般是提供一种标准数据结构的缓冲区来存放这些外来数据。对于以上这些从外部输入的数据，首先将其一律预先存储在这个标准数据结构缓冲区中；然后经过该系统原设计的数据输入通道再将缓冲区中的数据向账务处理系统导入。商品化会计核算软件就是应用这种标准结构方式，接收会计核算数据的脱机输入；支持记账凭证数据的多点采集；接收财务与会计信息系统中各功能核算子系统中产生并传送过来的机制记账凭证。

对于为满足系统的需要，经二次开发形成的新的功能子系统或子模块而言，其数据向会计核算账务处理系统的导入，也可利用这一特性。

二、数据输出的二次开发

财务与会计信息系统全面、完整地记录了会计核算数据，而如何用好这些数据，提高信息的利用率，是信息系统不断追求的目标。商品化会计核算软件为了方便用户，预先提供了一些样表，如资产负债表、损益表、现金流量表，以满足对标准会计报表的编制与输出。出于数据输出二次开发的需要，还要求许多不同格式的输出表格形式，以直接对会计核算系统中的数据进行分析。对于各种不同的数据需求方式，可以通过会计核算软件的自定义报表功能、数据导出功能、系统数据的直接访问等方式来得到二次开发所需要的数据。

（一）自定义报表

商品化会计核算软件一般都提供用户自定义报表的功能，其工作原理类似于 Excel 等电子表格的形式。为了进行特殊的数据分析与输出需要的报表格式，用户可以通过对报表格式、报表项目、取数公式进行定义，自行设计新的报表格式。商品化会计软件系统也相应地提供一系列针对会计核算与分析应用的标准函数或子程序，以便于用户在构建取数公式时调用[①]。

（二）数据导出

通常各种计算机应用程序都提供了数据导出功能，此功能一般安置在该软件主菜单“文件”项目中的“另存为…”中。在商品化会计核算软件中一般也提供“数据导出功能”。在 Windows 操作系统环境下运行时，会计软件产品一般都采用 ODBC 数据协议提供数据导出功能，这样，可以方便地将会计系统中的内部数据格式导出，并转换为 Excel 电子表、FoxPro 数据库、Access 数据库、LOTUS1-2-3、HTML、纯文本节件等数据格式。数据导出方式，一方面具有操作简便、有效，输出的各种数据格式符合标准等优点，而另一方面也存在以下不足：使用数据导出时，首先要求用户开启商品化会计核算软件并进行交互式操作，人工进行干预；其次，在数据导出时，操作人员指定并键入的数据输出文件名要符合要求，否则会影响到后续数据处理软件的正常运行；最后，数据导出方式不利于通过程序控制、自动执行来完成二次开发所要求的数据处理功能。

（三）直接数据访问

只要知道系统数据的存储格式，就可以直接对商品化会计核算软件系统中的数据库直接进行访问和提取数据。为了保证会计系统数据的完整性，采用对数据直接访问的手段应严格避免对原系统数据的修改、删除等操作，仅保留数据操作的读取权。

为了使会计人员不仅会使用会计软件，而且会对会计软件进行维护，会综合利用会计核算软件系统的已有数据进行财务分析，会在会计软件的基础上进行二次开发，许多商品化会计核算软件产品在会计软件的产品技术手册中，对最终用户公布了会计核算软件的数据处理流程、主要功能程序的模块结构、数据存储结构等技术资料，以便于人们对财务与会计信息系统进行更高水平的应用。

① 周雪梅 . 浅析中小企业财务管理 [J]. 商场现代化，2014，30（5）：229-230.

参考文献

[1] 长青，吴林飞，孔令辉，崔玉英 . 企业精益财务管理模式研究——以神东煤炭集团财务管理为例 [J]. 管理案例研究与评论，2014，7(2)：162-172.

[2] 段世芳 . 新会计制度下财务管理模式探讨 [J]. 企业经济，2013，32(3)：181-184.

[3] 邓瑜 . 制造型企业财务内控管理中存在的常见问题与解决措施 [J]. 企业改革与管理，2017，11(17)：182+206.

[4] 梁银婉 . 商业银行财务会计内控管理中存在的问题与优化 [J]. 时代金融，2017，27(20)：126.

[5] 朱莉 . 制造型企业财务内控管理中存在的常见问题与解决措施 [J]. 企业改革与管理，2017，15(11)：134-136.

[6] 杨寓涵 . 浅析商业银行财务会计内控管理中存在的问题与对策 [J]. 纳税，2017，28(16)：60.

[7] 孙丹丹 . 内控制度在行政事业单位财务管理中的具体应用 [J]. 财经界 (学术版)，2017，24(05)：87-88.

[8] 崔慧婷 . 论医院财务管理中的会计审核及内控制度 [J]. 财经界 (学术版)，2016，11(12)：230.

[9] 帅毅 . 基于责任中心管理的高校财务管理体系探索 [J]. 财务与会计，2016，15(21)：59-60.

[10] 呼婷婷 . 基于 Web 的高校财务管理信息系统报表设计与研究 [J]. 电子设计工程，2017，25(10)：41-43.

[11] 刘充 . 我国高校财务管理制度研究述评——基于 CJFD(2006-2015) 的文献计量分析 [J]. 教育财会研究，2017，28(3)：12-16.

[12] 吴俊文，段茹楠，张迎华 . 高校校院两级财务管理体制改革理论基础探析 [J].

会计之友，2017，21(8)：113-117.

[13] 李小红，王杰斌 . 广西区内外高校财务管理比较及启示 [J]. 教育财会研究，2016，27(4)：17-25.

[14] 梁勇，干胜道 . 高校财务管理新思考：构建财务服务创新体系 [J]. 教育财会研究，2017，28(1)：10-16.

[15] 张清林 . 提高全面预算管理水平加强医院财务内部控制的对策研究 [J]. 财经界（学术版），2015，1（36）：276-276.

[16] 魏晋才，池文瑛，许东晨等 . 取消药品加成后公立医院内部运行机制变革与绩效改进 [J]. 中华医院管理杂志，2017，33（2）：98-101.

[17] 王本燕 . 规范退费流程强化门诊住院收入管理 [J]. 现代医院，2016，16（9）：1375-1377.

[18] 余芳 . 会计信息化对企业财务管理的影响分析及对策探究 [J]. 全国商情，2016，24（23）：35-36.

[19] 常洪瑜 . 会计信息化对企业财务管理的影响及对应策略分析 [J]. 时代金融，2016，24（12）：154-161.

[20] 王巍 . 中国并购报告 2006[M]. 北京：中国邮电出版社，2006.

[21] 哈特维尔·亨利三世 . 企业并购和国际会计 [M]. 北京：北京大学出版社，2005.

[22] 财政部会计资格评价中心 . 中级财务管理 [M]. 北京：经济科学出版社，2017.

[23] 上海国家会计学院 . 价值管理 [M]. 北京：经济科学出版社，2011.

[24] 宋健业 .EMBA 前沿管理方法权变管理 [M]. 北京：中国言实出版社，2003.

[25] 本节代，侯书森 . 权变管理 [M]. 北京：石油大学出版，1999.